JN413101

로마서는 바울이 로마의 작은 가정 교회들에 보낸 편지이자 온 세상을 뒤집어 놓은 강력한 편지다. 로마서는 매번 복음의 깊고 다채로운 맛을 느끼게 한다. 『로마서 뒷조사』의 추천사를 부탁받았을 때, 잠시 멈칫하는 순간이 있었다. 신약학자가 만화에 추천사를 쓰는 것이 어색했기 때문이다. 하지만 한 장 한 장 읽어가면서 이 책이 로마서의 거대한 메시지를 일상생활의 쉬운 언어로 풀어내고 있다는 사실에 감탄하지 않을 수 없었다. 이 책은 로마서가 선언하는 복음의 묵직한 심연의 의미를 일상의 그림 언어로 풀어낸다. 그래서 신학을 공부한 목회자나 신학생들이 읽으면 신학교 강의를 복습하듯 그 내용의 깊이에 빠져들게 될 것이다. 또한 젊은 세대가 읽어도 만화의 이야기 전개가 주는 흥미와 몰입감 덕분에 로마서가 가르치는 실천적 의미에 가슴이 뭉클해질 것이다. 이 책은 로마서의 내용을 쉬운 듯 심오하고, 무거운 듯 쉽게 설명하며 복음의 포용성과 용해력이 공동체를 어떻게 변화시키고 성숙시킬 수 있는지 보여준다. 마지막 장을 넘기는 순간 독자들은 로마서가 얼어붙은 신앙 공동체와 세상을 녹이는 따뜻한 서신이라는 사실을 보게 될 것이다. 종이책으로 다시 태어난 『로마서 뒷조사』는 웹툰에 빠진 젊은 세대를 복음의 힘에 사로잡히게 할 반짝이는 작품이다.

김경식(웨스트민스터신학대학원대학교 신약학 교수)

김민석 작가의 『로마서 뒷조사』는 청년들의 삶과 사랑을 무대로 삼고, 신앙의 회의·관계의 갈등·경제적 압박 등 현실적인 고민을 한 컷 한 컷 담아낸다. 동시에 로마서가 전하는 복음의 힘을 오늘의 언어로 재해석하며, 복음을 통한 공존과 하나 됨을 따뜻하게 전하는 신학 만화다. 이 작품은 단순히 성경을 쉽게 설명하는 데 그치지 않는다. 역사적 배경과 신학적 통찰을 유머와 드라마 속에 녹여낸, 신학·스토리·드라마가 어우러진 3종 세트라 할 만하다. 컷마다 살아 있는 대사와 표정, 리듬감 있는 전개 덕분에 어렵게 느껴지던 로마서가 한 호흡에 읽히고 마음에 오래 남는다.

저자는 로마서가 구원론보다 교회론에 초점을 두고 있다는 점에 착안해 이야기를 풀어간다. 특히 이스라엘과 이방인, 유대인 신자와 이방인 신자의 관계를 다루는

9장부터 15장까지가 깊은 울림을 주는데, 저자는 이 장들에서 복음의 무한한 따뜻함을 느꼈다고 전한다. 마지막 컷에서는 "복음이 우리 모두를 예수님 안에서 공존시키리라는 것"이라는 문구와 함께, 순수한 주인공 이지유와 그의 어설픈 연인 최치선이 복음 안에서 하나가 되는 인상적인 장면으로 이야기를 맺는다. 한 컷 한 컷 따라가다 보면 로마서가 내 이야기로 다가오는 이 작품을 성경을 새롭게 만나고 싶은 청년, 혹은 신앙을 다시 점검하고 싶은 모든 이에게 기쁘게 추천한다.

류호준(백석대학교 신학대학원 은퇴 교수, 현 다니엘의 샘 원장)

"혐오"는 타자와 공존하지 못하고 힘의 논리에 지배되는 현대사회의 병리(病理)로 이해된다. 그러나 바울이 편지를 쓴 1세기 로마 교회 역시 유대인과 이방인 신자들 사이에 깊은 갈등을 안고 있었다. 이 책은 로마서가 그러한 분열 속에서도 어떻게 모든 이에게 "기쁜 소식"이 될 수 있었는지 탐색하며, 그 의미를 오늘의 시각으로 새롭게 조명한다. 저자는 로마서의 핵심 주제인 "하나님의 의"를 개인 구원의 차원을 넘어, 공동체 안에서 "사랑과 공존"을 실현하게 하는 역동적인 힘으로 생생하게 풀어낸다. 특히 로마서 9-15장을 중심으로 이스라엘과 이방인의 관계를 깊이 있게 분석하면서, "함부로 선을 긋지 않고"(롬 14:13) 서로의 다름을 포용하는 복음의 본질을 섬세하게 드러낸다. 더 나아가 웹툰(webtoon)이라는 현대적 장르를 활용하여, 1세기 교회가 겪었던 갈등이 오늘날 한국 교회가 마주한 분열, 위선, 경제적 격차와 얼마나 닮아있는지를 날카롭게 비춰준다. 이에 따라 이 책은 로마서를 단순한 교리서가 아니라, 차이와 갈등을 넘어 참된 일치를 향한 바울의 치열한 신학적 고민이 담긴 "살아 있는 말씀"으로 새롭게 읽는 기쁨을 선사한다.

윤철원(서울신학대학교 신학전문대학원 신약학 교수)

『로마서 뒷조사』는 이지유와 최치선의 러브스토리와 갈등, 그리고 그들의 친구들이 엮어가는 이야기를 통해 로마서를 오늘의 삶 속에서 다시 숨 쉬게 만든 웹툰이다. 신앙을 잃어가며 삶의 의미를 찾는 지유, 상처와 비밀을 안고 있는 치선, 그리고 함께 고민하는 청년들의 모습은 곧 우리의 모습이다. 이 책은 로마서가 오늘날 교회 안의 청년들이 겪는 갈등과 상처를 이해하고 치유하는 진리임을, 누구나 공감할 수 있는 언어와 그림으로 풀어낸다. 그래서 "하나님의 의"와 "공존의 복음"이 차갑지 않고 무한히 따뜻한 메시지로 다가온다. 웃음과 눈물이 교차하는 지유와 치선의 이야기 속에서, 우리는 바울의 편지를 새롭게 만난다. 『로마서 뒷조사』는 딱딱하고 난해하게 느껴질 수 있는 로마서의 주제들을 우리 시대 청년들과 함께 살아 있는 복음의 스토리로 빚어낸 작품이다.

이민규(한국성서대학교 신약학 교수)

이 책은 만화라는 장르의 시각적 효과를 잘 살린 독창적인 저작으로, 로마서라는 오래전 편지의 내밀한 사연을 탐구하려는 목적 지향적 주제 의식이 뚜렷하다. 오늘날 교회 다니는 청년들의 고뇌와 실존, 2천 년 전 바울과 로마 교회 사이에 오간 편지의 역사적 기원과 배경, 신학적 주제와 핵심 관심사, 로마 교회의 제반 문제 등이 씨줄과 날줄로 어우러져 통시적인 풍경과 공시적인 풍경으로 나란히 합류한다. 이 책을 쓰기 위해 저자는 로마서에 대한 개인적 성경 공부와 간편한 묵상에 머물지 않고 이 분야의 의미 있는 학문적 저작까지 참고해가면서 로마서의 난해할 수 있는 메시지를 신세대 독자들이 친근하게 접할 수 있도록 고도의 장기를 발휘하였다. 그 전략적 방법으로 저자는 편지라는 장르의 서사화를 위해 오늘날 교회 청년의 서사를 로마서의 핵심 주제에 덧댐으로써 2천 년 전 로마 교회를 위한 편지가 어떻게 오늘날 우리 시대의 실천적 교훈으로 신실하게 거듭날 수 있는지를 발랄한 대사와 이미지를 교직하여 구연한다. 놀라운 재주다!

차정식(한일장신대학교 신학과 교수)

입소문과 함께 유명세를 타고 있는 새물결플러스의 "성경 만화 뒷조사 시리즈"가 사복음서와 요한계시록의 뒷조사를 마치고 마침내 로마서를 필두로 신약성서 서신들의 대지를 향한 거침없는 진격을 시작했다. 이 시리즈는 가히 남녀노소 모두와 소통할 수 있는 오늘의 "복음 장르"라 말하고 싶다. 신박한 두 지평의 융합이 이번에도 이곳저곳에 돋보인다. 성경의 (고대) 서사가 시리즈 작가의 (현대) 플롯과 만나 흥미진진함 속에서 보는 재미와 읽는 깊이를 더해준다. 아울러 이야기를 따라가다보면 지금 여기에서 찾아내고 붙잡아야 할 성경의 의미와 적용의 지점까지 어느새 도달하게 된다. 『로마서 뒷조사』는 우리 시대의 "강한 자"와 "약한 자" 모두 사랑의 복음에 빚진 자로서 상호 존중과 돌봄의 대상임을 탄탄한 필치로 감동 있게 그려냈다. 벌써부터 후속 "뒷조사 시리즈"가 기다려진다.

허주(아신대학교 신약학 교수)

로마서 뒷조사

새로워진 구원·예배·윤리에
관한 교향곡

로마서
뒷조사

Investigations on the Epistle to the Romans

김민석 지음

새물결플러스

차례

로마서는 예전부터 꼭 한 번 제대로 공부해보고 싶던 서신이었다. 기독교 신앙의 정수가 들어 있는, 아우구스티누스와 마르틴 루터를 변화시킨 서신이라고들 하지만, 그런 이유 때문이 아니라 내가 로마서에서 받았던 무한히 따뜻한 느낌 때문이었다.

몇 년 전부터 우리 사회를 두고 "대 혐오의 시대"라는 표현이 자주 쓰인다. 누군가를 싫어하고 반대하는 것으로 자기 정체성을 구축하는 사람들이 예전보다 많아졌고, 그들은 집단을 형성하며 혐오를 더 굳건히 다져가고 있다. 교회 역시 이 흐름에 저항 없이 함께하고 있다. 서로 다른 입장과 해석은 교회 안에서 공존하지 못하며, 힘과 세력이 큰 쪽이 그렇지 못한 쪽을 몰아내는 방식으로 처리되어왔다. 내가 동의할 수 없는 생각을 가진 그리스도인과 대화하고 토론하기보다는, 그를 마귀에게 조종당하는 사람으로 재빨리 낙인찍고 교회 안에 있어선 안 될 사람으로 여기는 조급함이 만연하다.

그런데 바울이 살았던 당시의 교회도 지금과 크게 다르지 않았다. 바울이 로마서를 쓰기에 앞서 전해 들었던 로마 교회 그리스도인들은 서로 양보할 수 없는 갈등을 마주한 채 둘로 나뉘어 있었다. 바울은 이 문제를 해결하길 원했고, 그것이 로마 교회에 보내는 편지인 "로마서"에 담긴 중요한 내용 중 하나였다. 로마서의 중심 주제가 무엇인지에 대해서는 학자마다 의견이 갈리고, 전통적으로는 바울의 구원론이 가장 논리적으로 정리된 신학적 서신으로 여겨지지만, 나에겐 이스라엘과 이방인의 관계 그리고 유대인 신자와 이방인 신자의 관계가 이어서 다뤄진 로마서 9장부터 15장까지의 내용이 가장 인상적이었다. 이 장들에서 그 무한한 따뜻함을 느꼈기 때문이다.

함부로 선을 긋지 않는 것(롬 14:13), 함부로 어떤 이들의 실패를 단정하지 않는 것(11:11, 31), 궁극적으로는 크신 하나님의 사랑 안에서 공존하려는 의지(15:7). 딱딱한 신학자처럼 느껴지는 바울에게서 그런 의지를 느끼면서 나는 로마서의 말씀 속에 적극적으로 뛰어들기 시작했고 『로마서 뒷조사』는 그렇게 시작됐다.

2024년 5월 에끌툰에서 시작되었던 이 웹툰은 1년 2개월가량의 연재 끝에 완결되었고, 『마가복음 뒷조사』로 시작했던 성경 뒷조사 시리즈의 여섯 번째 작품이 됐다. 이 시리즈를 처음 시작할 때 소망했던 것을 나는 여전히 소망한다. 신학의 대중화를 통해 한국 교회에 건강한 신앙이 자리 잡고 복음이 진정으로 전해지기를. 그 일에 처음부터 앞장섰고 지금도 애쓰고 계신 새물결플러스&아카데미의 김요한 대표님께 감사드린다. 출간을 위해 수고해주신 새물결플러스의 모든 직원분께도 감사를 전한다. 늘 기도로 함께 해주시는 사랑하는 부모님께도 감사드리며, 가장 큰 힘이 되는 동료 작가이자 반려자인 아내 안정혜 작가에게도 고마움을 전한다. 무엇보다, 연재하는 동안 함께해주시고 댓글로 응원을 아끼지 않으신 모든 독자님께 정말 감사드린다.

대 혐오의 시대에 여전히 사랑과 공존을 꿈꾸며, 교회와 사회 속에서 그리스도인의 삶을 살아가고 계신 모든 분께 존경과 사랑을 담아 이 작품을 드린다.

2025년 가을
김민석

위치가 다른 우리

대학 입학 후 처음으로 교회에 왔다.

나에게 아직 신앙이란 게 있는지

확인해보고 싶어서.

오늘도 아무것도 느껴지지 않는다면…

난 더 이상 교회에 오지 않을 생각이다.

15

이번 주부터 읽기 시작한 로마서.

참 많은 사람을 변화시킨 책이에요.

기독교 교리의 기초를 놓았던 아우구스티누스. 종교개혁을 촉발시켰던 마르틴 루터.

두 분 다 로마서를 읽다가 인생이 바뀌었어요.

야!

바울은 로마서에서 이렇게 얘기합니다.

"내가 복음을 부끄러워하지 아니하노니"

이지유!

바울은 여기서 완서법, 그러니까

하려는 말의 반대 의미를 부정하는 그런 수사법을 쓰고 있어요.

17

난 복음이
자랑스러워요~

아~~이 더 크게!
하하하 웃으면서!!

나는 복음이
자랑스럽다!
하하하!!

나는 복음이
자랑스럽다!
하하하!!

난 복음이
자랑스럽다~!
하하하하~~

집에 가고 싶다.

내 이름은 이지유.

오늘 예배에서 확실히 느꼈다.

우리 목사님 설교 좋지?

응. ㅎㅎ

내가 신앙을 잃었다는 것을.

근데... 은혜야.

응?

나... 기독교인이 맞는지 잘 모르겠어.

야! 뭔 소리 하는 거야??

아니, 오늘 설교에서도 그랬잖아.

복음이 자랑스럽고 기뻐야 한다고. 뭐 항상 그럴 순 없겠지만 그래도...

난 아예...
아무 느낌이
없어서.

혹시
무슨 일 있었어?

아니, 딱히...

내 신앙은 애초에
계기라고 할 게 없었다.

신앙을 가진 계기도,
지금처럼 신앙이 내 속에서
희미해진 계기도.

나의 신앙은 엄마를 따라
어릴 적부터 교회에 다니며
밀물처럼 서서히 들어왔고

썰물처럼 서서히 사라져 있었다.

빠져나갔는지도 모르는 사이에.

근데 이지유가
기독교인 아닌 거면
기독교인 컷
너~무
높아지는데?

야! 넌 집 떠나 서울 와서도
이렇게 니 발로 교회에 찾아왔잖아!
이런 사람이 흔한 줄 알아?

아, 그건...

표정 좀 펴라. 지유야~
니가 웃어야 할 이유가
많거든, 지금?

재수 탈출! 서울 입성!
그리고 서울에서 다닐
좋~은 교회도 발견!

감사하지
않아? 나만
감사한 거야?

22

그래,
표정 펴라.
이지유.

치선이다!

어.

최치선...?

그래, 인마.

너 교회에서
나 왜 안 쳐다봤냐?

나 계속
손 흔들었는데 절대
안 돌아보더라? 어?

팍

아!
모, 못 봤거든??

지유가 예배에
집중한 거잖아,
빙구야.

오...
기독교인이
욕하네?

그거 최치선 니가 할 말은 아닌 듯??

근데... 최치선 넌 어떻게 이 교회에...?

응? 아~ 난 작년부터 여기 다녔지.

아니... 그 말이 아니라...

최치선 니가 어떻게 기독교인이 된 거냐고...?

이지유 이지유 이지유 이지유 이지유 이지유 이지유 이지유 이지유 이지유~~~~

부우우웅-

부릉

교회 가냐?

어. 왜?

야! 벚꽃 보러 가자.

뭐래. 교회 간다니까?

아, 오늘이 벚꽃 피크인데. 내일되면 꽃들 다 뒈져. 교회는 한 주만 빠지면 되는 거 아냐?

부릉

부릉

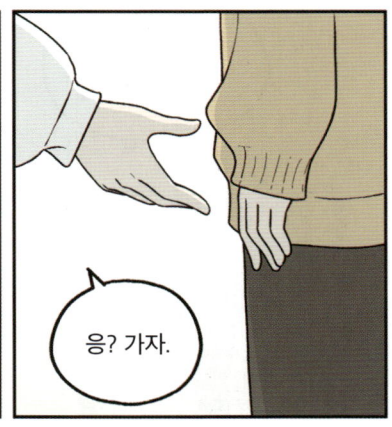

응? 가자.

늘 내가 교회 가는 걸 방해하던 그놈이...

그 양아치가...

너 담배 냄새나. 꺼져.

탁탁탁

하필 내가 신앙 잃어버린 이 시점에 나타나서 지는 기독교인이 됐다?

25

26

교회에 지 발로 찾아온 것도
은혜랑 잘해보려고?

아니면 둘이 설마
벌써 사귀...

근데 지유 너
알바 몇 시까지
가는데?

나
저녁 8시까지.

그럼
성경 공부 같이
좀 하다 가면
안 돼? 너한테도
되게 좋을 텐데.

역시. 은혜는 치선이 놈이랑
딱히 둘만 있고 싶진 않은 거야.

음...

알았어.
같이 좀 하다
가지 뭐.

예이~~

최치선... 뭐야 너?

이제 교회 안 오려고 했는데...
신경 쓰이네.

청년이
삶으로 써내는
성경 주석...?

치선이와 은혜가 하는 성경 공부는
교회 내부 대회 같은 거였다.

봐봐.
이게
포인트야.

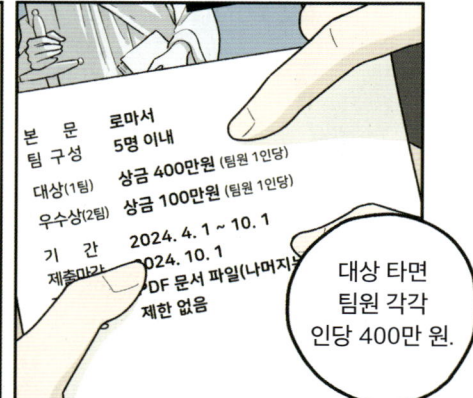

본 문	로마서
팀 구성	5명 이내
대상(1팀)	상금 400만원 (팀원 1인당)
우수상(2팀)	상금 100만원 (팀원 1인당)
기 간	2024. 4. 1 ~ 10. 1
제출마감	2024. 10. 1
	PDF 문서 파일(나머지~
	제한 없음

대상 타면
팀원 각각
인당 400만 원.

400??
한 학기
등록금이네?

대박이지?
이 교회
돈 많은가 봐.

나 사실
등록금 벌려고
이 교회 왔잖아.

진짜야??

뭘 또 진짜야~
아, 이지유
여전하네ㅋㅋㅋ

왜
지유 놀리냐.

등록금이야
부모님이 진작에
내주셨지.

감사해라,
부모님한테. 그거
당연한 거 아니다.

치선이 부모님이...
등록금을 내주셨다고?

고등학생 때 치선이는
집안 형편 때문에 학업에 집중하지
못하고 알바를 뛰었었다.

그 상황에서 서울로
대학 갔다는 소식도 놀라웠는데...
등록금도 부모님이 해결??

암튼 나는 지유도 우리팀 합류해서 이거 같이 했음 좋겠어.

올해 본문은 특히나 복음의 정수라고 불리는 '로마서'고.

the ROMANS

2024 청년 주석 본문

로마서

담임 목사님 의도는 뭐 거창하게 학문적 주석을 쓰라는 게 아니라

우리 삶의 자리에서, 청년들의 관점에서 말씀을 탐구 해보길 바라시는 거더라고.

내 삶의 자리에서 보는... 로마서...?

넌 집이 빚더미인데 굳이 서울로 대학을 가야겠니?

32

내 학비 내가 알아서 할 거니까 신경쓰지 마.

그리고 도박 빚은 아빠가 만든 거니까, 아빠가 알아서 갚으라고 해.

알아서 한다곤 했지만, 당연히 학자금 대출 외에 다른 방법은 없었다.

재수까지 해서 합격한 대학교의 위상 때문에 그나마, 서울 와서 과외를 몇 개 뛸 수 있었지만...

그걸로는 월세와 생활비가 겨우 충당될 뿐이다.

그러니 내 삶의 자리에서 중요한 건 로마서가 아니라... 상금 400만 원.

5명 이내

상금 400만 원(팀)

상금 100만 원(팀)

33

이 상금을 탄다면 그게 나에게
복음일 것이다!

그래요 엄마. 내 생각이 요즘
요딴 식이에요. 신앙 파탄났어요.
근데 뭐 어쩌라고요?

나라고 신앙을 잃고 싶어서
잃은 게 아닌데.

할게.

오!

오케이!
신난다~!!

할렐루야!

그래.
할렐루야!

아, 팀원이 더 있었구나?

응.

팀당 최대 5명까진데, 오늘 지유 너까지 와서 딱 5명 됐어~ㅎㅎ

지유?

네, 이지유.

드록 드록

저랑은 고등학교 동창, 치선이랑은 중학교 동창.

오~

안녕하세요.

셋이 되게 반갑겠다. 전 대학교 3학년 박유창입니다.

저는 대학교 1학년 철학과 다니는 오진주입니다.

쿵

35

하필 로마서라니.

퍼버벅

진주야, 과하다.

유창 오빠는 로마서가 만만합니까?

난 이런 인간적인 학문에 의지하지 않지.

아! 본인은 그럼 인간이 아닌가 보네요?

우리 교회 청년부 공식 커플이야, 저 둘.

아...!

참고 서적뿐 아니라 작년에 대상 받은 팀의 청년 주석도 프린트 해왔습니다.

대상 수상 비결이 뭔지 좀 파악이 되더군요!

오오오오!!

오진주!! 역시 오진주!!!

팀원들 삶에 대한 적용도 잘 되어 있었지만, 신학적, 역사적 탐구도 진짜 잘 해놨더군요.

담임 목사님 심사평을 좀 읽어드리지요.

"성경은 우리 모두를 위해 쓰였지만 우리가 1차 독자는 아니다."

"먼 옛날, 이 성경 본문을 처음 읽거나 들었을 그 독자들에게 어떤 의미였는지를 대상 수상팀 에이레네는 성실하게 탐구해냈고"

"그 바탕 위에서 오늘 자신들의 삶에도 본문을 지혜롭게 적용해냈다."

바로 이것이 400. 400을 타기 위한 핵심입니다.

척

진주야. 400 400이 뭐야. 과하다.

유창 오빠는 400 타기 싫습니까?

그 자체가 목표는 아니지. 난 말야, 로마서를 통해서...

오케이!!

선정되면 유창 오빠 빼고 400은 우리 넷이 엔빵합시다!!

와!!

와!!

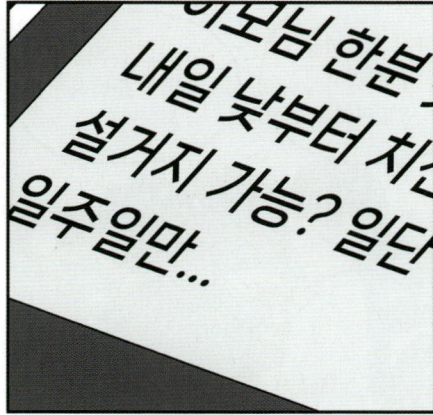

낮에?
일주일 내내?
대학생 알바치곤
좀... 빡센데?

드륵

그거 수험생용
무료 과자
아닙니까?

어, 나도 주님의
시험을 준비하는
수험생이야.

아...
염치도 없는 데다가
지 혼자만 처먹고 있는
꼬락서니 보소...

아~

드륵

자~ 그럼 작년 대상 수상팀의 필승 전략을 따라 우리도!

로마서를 처음 받아봤을 독자의 입장이 되어봅시다. 이 독자들은 누구일까요?

몰라. 그게 중요한 거야?

43

그럼 로마서의 첫 독자들은 당연히 편지를 받은 '수신인'이겠죠. 그게 누구였을까요?

오, 찾았다! 로마서의 수신인은

1세기 당시 로마 시에 거주하던 가정 교회들이야.

로마서

가정 교회? 집에서 모였단 건가?

예, 바울이 사역할 당시 교회들 대부분이 그렇게 모였죠.

음... 근데 왜 썼을까?

왜 썼냐니?

아니, 편지라는 게 그렇잖아요. 아무 이유 없이 보내진 않으니까.

왜 썼는지를 알려면, 발신인과 수신인 각각의 상황을 살펴봐야겠지요. 즉...

바울과 로마 가정 교회들이 당시 처했던 상황을요.

제가 미리 훑어본 바에 따르면, 로마 가정 교회들의 상황은 대략 이랬습니다.

풀기 어려운 갈등과 혼란을 맞닥뜨린 고인물 그리스도인들.

오... 뭐지?

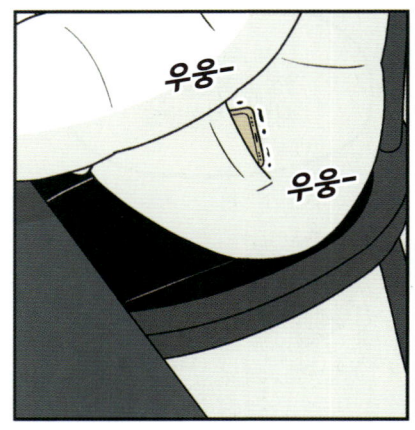

우웅-

우웅-

응?

우웅-

오늘 저녁에 가는 과외 학생 엄마의
전화였다.

우웅-

채현어머님
휴대전화

우웅-

네, 어머님.
네네.

아... 두 시간
빨리요?

아...

46

죄송한데, 저 알바 시간이 바뀌어서 가봐야 할 거 같아요.

뭐야? 갑자기? 안 돼!

미안~ㅎㅎ 저 신경쓰지 말고 하세요.

평일 공강 때 가는 학생의 동네는 그렇지 않다.

보도블럭. 경사 없는 깨끗한 길. 지금 가는 과외 학생의 동네다.

인도와 차도의 구분이 없는 경사진 골목.

아파트 복도에 어지럽게 쌓인 짐들.

나에게 더 익숙한 풍경이다.

그래서 오늘 온 주말 학생 아파트의 말끔함이 매번 낯설다.

주말 학생과 평일 학생은 그렇게

위치가 달랐다.

일요일 하루 정도는 온종일
교회 생활에 올인할 수 있는 그들과

그럴 수 없는 나는...
위치가 다른 거다.

신앙을 위해 시간을
쓸 수 있는 사람이 있고

신앙이 썰물처럼 빠져나가는데도
그저 속수무책인 나 같은 사람도
있는 거다.

이거 맞나요, 하나님?
계신다면 대답 좀...

우웅-

문자...?

💬 +82 1788-52525

[Web발신]
03/17 20:15 27****
출금 600,000원
잔액 113,800원

월세 빠져나갔네.

우웅-

최양아치
휴대전화

우웅-

!

바울이 맞닥뜨렸던 문제

와,
깜짝이야.

뭐야,
이지유?

니가 왜
거기서 나와?

여기 사니까
여기서 나오지.

너도
여기 살아?

아, 왜 또 이놈이랑 같은 동네지??

근데 전화는
왜 한 거야?

아, 너한테 오늘
모임에서 정리한 내용들
보내주려고 그랬지.

나 이제
그거 못할 거
같은데.

왜?

과외 학부모가
앞으로도 계속 옮긴 시간에
하자고 해서...

부우우웅

팍

부우우웅-

어우,
골목에서 속도를
저따구로...

이 동네
서울에서 그나마
방세도 싸고
다 좋은데
이런 게 별로야.

맞아...
집에 오는 길에
이어폰도
못 쓰잖아.

그니까!
차 오는 소리 듣고
피하려면ㅋㅋ

응ㅎㅎ

생각해보면
우리 중학교 때 살던
동네도 그랬네.

맞아,
맞아!

우리 뭐냐.
ㅎㅎ
서울 와서도
결국 비슷한
데서 사네.

아냐.
'우리'는
아니지.

최소한 너는
등록금 부모님이
다 내주셨잖아.

내 비밀 하나
얘기해줄까?

뭔 비밀?

나
대학 안 다녀.

또
장난치는 거야?

장난 아니고
진짜로.

나
식당에서
일해.

아...

동원사장님
이모님 한분 못나오게됨.
내일 낮부터 차선씨가 주방
설거지 가능? 일단 이번
일주일만..

뭐야 그럼?
왜 교회에선
대학생인
것처럼?

그게
어울리기 편해서.
교회 안에서
너무 다르면
안 좋더라고.

아니,
이해가 안 돼.
원래 교회도
안 다니던
니가...

그렇게까지 해서라도 교회 가는 이유가 뭐야?

무슨 목적이야, 너???

은혜가 그러더라고. 이지유는 무조건 재수 성공해서 서울로 대학 올 거고

서울 오면 이 교회로 데려올 거라고.

...그래서?

그래서 너 기다렸다고.

날... 왜, 왜 기다려?

너랑 같이 교회 다니려고.

어차피 너는 주말에 교회에만 있으니까 너랑 놀려면...

내가 교회에 가는 수밖에 없다...라는 결론.

아~ 근데 어떡하지? 나 이제 교회 안 갈 건데?

뭔 소리야? ㅋㅋ

진짜 안 갈 거야. 믿음도 엄청 희미해졌고...

돈도 시간도
부족해서 허덕이는
데다가...

너처럼
가면 쓰고
숨길 줄도
몰라.

나도
안 숨길게,
그럼.

대학생인 척
한 거는 내가
걍 대화에
더 끼고 싶어서
오버한 거고.

그리고 이제 니가 왔는데, 뭐. 다 상관없지.

짜치든 말든.

아니... 대체 너한텐 내가 뭔데?

그냥...

내가 너 좋아하는 거지.

?!?!

?!?!?!

타탁탁탁탁

내가 너
좋아하는
거지.

바둥
바둥
퍽
퍽
퍽

이제 최치선 얼굴 어떻게 봐?
진짜 교회 가지 말까? 대체 날 왜...

우웅-

우웅-

어,
은혜야!

알바
잘 끝났어?

응응.

모임 장소로 향하며

지난 모임 정리 내용을 읽었다.
치선이가 보내줬던...

최치선

아 지금?

최치선
○○잠시만

최치선
로마서는 바울이 그냥
설교하려고 쓴 편지가
아님. 로마 교회 사람...
전체보기

옛다

로마서는 그냥 바울이 설교하려고
쓴 편지가 아니었다.

그 속에는 로마 교회 사람들의 상황에
대한 바울의 고민이 담겨 있었다.

신앙 속에서 많은 일을 겪고,
마음 어딘가는 딱딱해진 사람들.

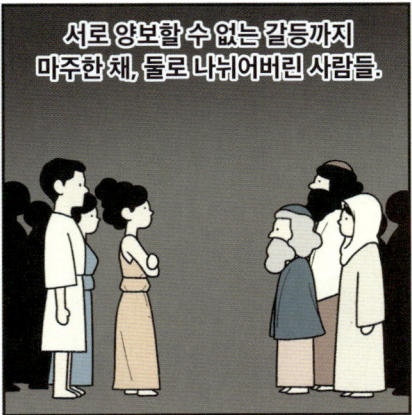

서로 양보할 수 없는 갈등까지
마주한 채, 둘로 나뉘어버린 사람들.

그게 당시 로마 교회 사람들이 처한 상황이었다.

내 신앙도 그런 건가? 희미해진 게 아니라 딱딱해진...?

더 이상 아무것도 내 마음에 울리지 않을 정도로...

근데 치선이는 왜 안 오지?

은닉대본
STUDY CAFE

연락 온 건 없습니까?

응... 전화도 안 받네.

뚜-

뚜-

뭐야, 최치선. 지가 시간 바꿔놓고..

뭐 일단 시작하죠? 제가 이따 다시 전화해볼게요.

뭐지...?

자~ 지난주에 대략 살펴본 로마 교회의 상황에 대해서!

이제 깊수~~키 파고 들어가 보지요!

근데 솔직히 그런 거 우리가 왜 알아야 돼?

하아아......

아니 진주야, 스트레스 받지 말고. 이해가 안 돼서 그래.

그런 배경 지식 안다고 로마서가 더 은혜가 될까? 아닐걸? 머리만 복잡해지는 거지.

그냥 딱! 말씀을 보고, 하나님께서 우리에게 주시는 말씀으로 받는 게 중요한 게 아닐까? 진주야?

오케이,
그럼 로마서 14장 2절
한 번 읽어보십시오.

어떤 사람은 모든 것을
다 먹을 수 있다고 생각하지만,
믿음이 약한 사람은 채소만
먹습니다... 로마서 14장 2절.[1]

'믿음이 약한 사람은
채소만 먹습니다'
이거 뭔 말인지 알겠습니까?
하나님의 말씀으로
받아들여보십시오?

...

비건들은
믿음이 약하다...?

이런 미친...

오빠! 제가 아는
목사님 중에도
비건 계시거든요?

아, 농담이야.
농담, 하하하!

하나님
말씀으로
농담합니까?

당시 로마 교회
사람들의 상황을 모르면
이런 구절들을 이해할
방법이 없습니다.

71

바울이 로마서를 쓰기 약 7년 전 상황으로 가봅시다. 그때 로마 시에서 중대한 사건이 일어나거든요.

로마서

49년　　56-57년

당시 로마 황제인 클라우디우스가 로마 시에서 '예수 믿는 유대인들'을 추방한 사건이요.[2]

나가

아마도 일반 유대인들과 예수 믿는 유대인들 사이에 벌어진 논쟁과 소란이 원인이었던 듯 한데...[3]

그냥 유대인들　VS.　예수 믿는 유대인들

하나님을 잊은 샛기~

잊은 샛기~

아니 하나님을 못 알아본 샛기~

못 알아본 샛기~

이 추방은 로마 교회엔 완전 날벼락이었죠.

나가 이샛기야.

왜냐면 로마 교회는 유대인들을 중심으로 리더십이 구성되어 있었는데, 그들이 대부분 사라진 거니까요.

리더: (공석)

리더: (공석)

리더: (공석)

그런데 바로 이 사건이 추후 로마 교회 안에서 벌어진 거대한 갈등의 시발점이었습니다.

거대한
갈등?

네.

로마 교회의
유대인 리더십들이
도시에서 추방되면서

로마의 가정 교회들은
불가피하게 이방인 중심으로
리더십이 재편되었는데요.

근데 5년쯤 뒤에
유대인들이 다시
돌아옵니다.

클라우디우스 황제가 죽고,
새 황제 네로가 칙령을
철회했기 때문에요.[4]

다시
들어와~

그래서 이방인 중심의
새 리더십과, 유대인 중심의
구 리더십이 공존하는...
상황이 된 거죠.[5]

그게 뭐?
그 정도가 거대한
갈등이라고?

아뇨,
그게 트리거가
됐단 소립니다.

교회 안의 유대인과
이방인 사이에 잠재되어 있던
갈등을 터트리는 기폭제요!

이방인아.
느그 애들이 음식법
안 지킨다던데?

샛기야.
그걸 우리가
머하러
지키는데?

샛기...?

마.
안식일 불
함 붙이바라.

유대인아.
내 있다 아이가,
초신자 때 율법 다 지키야
되는 줄 알고 까라면 깠던
그 이방인 아이다.

...안 되겠다.
니 오늘
할례받자.

율법을 지키는
문제 때문이었구나?

그렇습니다.

예수님을 믿더라도
구약 율법의 정결법, 음식법 등을
지켜야 한다고 믿는 유대인과,
그게 불편했던 이방인 사이의
대립이었죠.

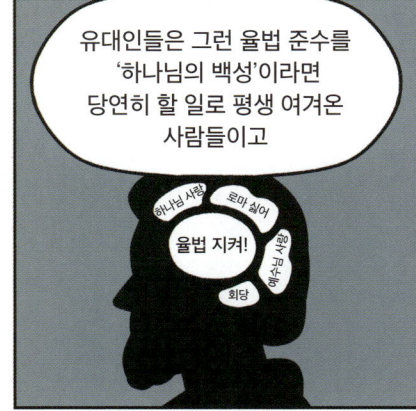

유대인들은 그런 율법 준수를
'하나님의 백성'이라면
당연히 할 일로 평생 여겨온
사람들이고

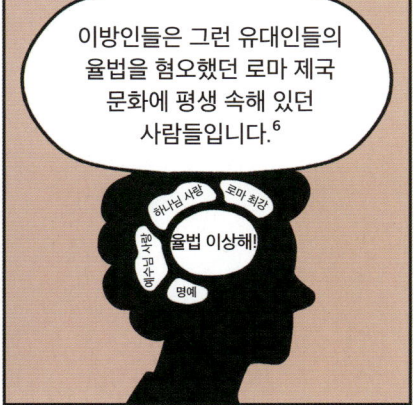

이방인들은 그런 유대인들의
율법을 혐오했던 로마 제국
문화에 평생 속해 있던
사람들입니다.[6]

살아온 문화와 생각이 너무 다른 두 그룹이 하나의 교회 안에 머문다는 거.

참 어려운 일이고, 바울이 큰 실패를 경험한 일이기도 하죠.

바울이 실패했다고?

아, 여기 나오네.

안디옥에 있던 바울의 초기 선교 본부에서도 유대인과 이방인 신자 간에 비슷한 갈등이 있었는데...[7]

갈라디아

갑바도기아

시리아

안디옥

지중해

이집트

예루살렘

그때 바울은 두 그룹 간의 연합을 이루는 데 완전 실패했다고...[8]

근데 이렇게 한 번 데면 나 같으면 또 시도 못 할 거 같은데.

그니까요.
그럼에도 바울은 로마 교회에서
이 문제를 다시 풀고
싶어 합니다.

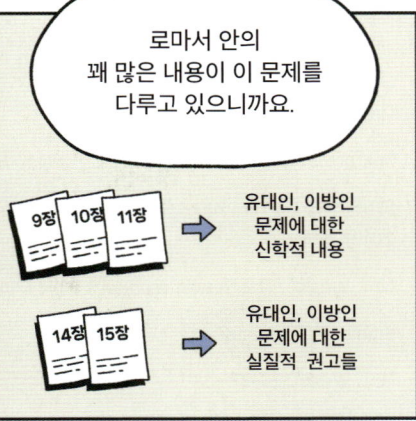

로마서 안의
꽤 많은 내용이 이 문제를
다루고 있으니까요.

9장 10장 11장 → 유대인, 이방인
문제에 대한
신학적 내용

14장 15장 → 유대인, 이방인
문제에 대한
실질적 권고들

근데 굳이 이방인, 유대인
같이 있어야 돼? 그렇게
다르면 걍 따로 모이는 게
더 유익할 거 같은데?

예,
바울한테
물어보십시오~

바울 형님?
솔직히 제 말이
맞지 않습니까?

그러게.
바울은 왜
그런 걸까?

난 그냥
경제적 차이만으로도
교회에서 괴리감이
들었는데...

주

1 대한성서공회, 『성경전서 새번역』(2001).

2 Suetonius, Claudius 25.4; Stanley E. Porter, 『바울 서신 연구』(새물결플러스 역간, 2019), 500.

3 Stanley E. Porter, 500-501; Martin Ebner, Stefan Schreiber, 『신약성경 개론』(분도출판사 역간, 2013), 441.

4 N. T. Wright, 『The New Interpreter's Bible Commentaries 로마서』(에클레시아북스 역간, 2014), 26.

5 Stanley E. Porter, 511.

6 N. T. Wright, 26-27.

7 N. T. Wright, 27; 갈라디아서 2:11-21.

8 같은 글.

최치선의 정체

우리는 바울이 로마서를 쓰게 된
배경을 몇 가지 더 살핀 뒤에
모임을 마쳤고

난 모임 내용을 정리했다.

슥슥

최치선도 나한테 그렇게 해줬으니...
이 정도는 해야지 뭐.

슥슥

슥슥

자, 다음 주부턴
지금까지 탐구한 바탕 위에서
로마서의 중심 주제로
들어가봅시다.

중심 주제?

복음에 나타난
'하나님의 의'요.[1]

절한 소원은, 로마에
음을 전하는 일입니다.
러워하지 않습니다.
을 비롯하여 그리스
구원하는 하나님의 능력입니다.
17 하나님의 의가 복음 속에 나타납니다. 이
일은 오로지 믿음에 근거하여 일어납니다.
것은 성경에 기록한 바 "의인은 믿음으로
것이다" 한 것과 같습니다.
하나님의 진노가, 불의한 행동으로

복음... 하나님의 의...

엄청 익숙하지만
정작 정확히 뭔 뜻인지
손에 안 잡히는 말들.

그러고 보니 물어본 적도 없다.
너무 익숙하고 기초적인 언어들이어서
...였을까?

고만해라?

먼저
고만
하십시오?

뭐야 치선이
얘는... 문자에
답도 없고.

너도
전화 한번
해봐.

아... 내가?

응응.

뚜-

뚜-

여보세요?

바...받았다.

...뭐야,
이지유?
왜 말을 안 해?

83

왜?
아직도 넌 아빠가
부끄럽니?

...아빠가
제가 부끄러운
거겠죠.

내가 왜
니가 부끄러워?

그러면...

다음 주에 교인들 앞에서
저에 대해 있는 그대로
다 얘기해주세요.

그럴 수
있으세요?

치선이는 청년부 예배 때도
나타나지 않았다.

전화도 오지 않았다.

과외까지 끝나고 집에 오는 길에

마주치지도 않았고.

다음 날에도

그다음 날에도 연락이 없었다.

아, 왜 내가 안절부절해?
고백한 건 최치선인데? 참 나.

턱

우웅-

우웅-

아니 그것보다, 청년 주석 모임 내용 혹시 정리해뒀어?

아... 뭐 대충?ㅎㅎ

오~ 나 주려고 정리했구나? 역시.

뭐, 뭐래...

나 보려고 한 건데ㅎㅎ 대충 했다니까?

ㅎㅎ

...진짠데?!!

그 대충한 거라도 나 좀 받고 싶은데.

혹시 토욜에 시간 돼?

토요일? 음... 저녁에 과외 가야 되고...

88

그럼 토욜 점심쯤 볼까?
너한테 모임 내용도 받고,
같이 놀자.

음...

그래,
알았어.

아, 잠깐.

이거... 데이트...?

...였다.

정리 잘 돼 있는데?
대충 했다며?

어, 그게
대충 한 거야~

교회 안에서
유대인 신자와
이방인 신자 간의 화합...

이게 바울이
로마서를 쓴
이유라는 거지?

넘겨봐.
이유가 그거
하나가 아니야.

바울이 로마서를 쓴 이유 (2)
[스페인 선교 자금 조달]
예수님이 부활하셔서 제자들에게
하신 명령 "땅끝까지 복음을 전하라"
(사도행전 1:8)
고대 그리스 지리학자
땅...
...스페인(서바나) 선교...

...스페인
선교 자금
조달?

예수님이 승천하시기
전에 '땅끝까지' 복음을
전하라고 하셨는데[2]

당시 사람들한테는
땅끝이 서쪽으로는 스페인,
동쪽으로는 인도였대.[3]

스페인
EUROPA
SCYTHIA
SYRIA
LIBYA
ARABIA
ARIANA
INDIA
인도

고대 그리스 지리학자 스트라본의 세계지도

그래서 바울은
스페인 선교를 하려 했고,
로마 교회가 그걸
지원해줬으면 했던 거지.[4]

아하.

근데 정작 바울은 로마 교회에 가본 적도 없는 상황이었고

당시 교회들 곳곳에 바울이 전하는 복음이 좀 이상하다는 오해까지 퍼져 있었대.

바울은 율법을 쓸모없는 것으로 여긴다~ 바울은 이스라엘이 하나님과 맺은 언약을 무시한다~ 등등.[5]

그래서 바울은 로마서에서 다른 서신들보다 더 선명하게, 자신이 생각하는 복음을 펼친 거지.

좌

좌

제대로 써주마!!

좌

좌

그렇구나. 더 선명하게...

나도 너한테
선명하게 전달을
못 한 건가...?

내려가자.
저 아래
맛집들 많아.

휴... 다행이다...

나 너랑
결혼하고
싶어.

...가 아니네.

난 못 들었다. 아무것도 못 들었다.

삭제
삭제
삭제
삭제

바울이 선명하게
전달하려 했다는 건
그런 선명함이 아니라~

아니 뭘
다시 바울이야?
ㅋㅋ

어 왜?
오늘 청년 주석 모임
내용 땜에 만난 거
아닌가?

와...
이지유,
회피 스킬
보소?

아니...
맞지 않나?
ㅎㅎ

어, 맞아 맞아.
계속해봐
어디 한번.

그니까 바울은!
복음이 유대인에게도 이방인에게도
양쪽 모두에게 얼마나 기쁜
소식인지를 전하고 싶었던 거야!

우리 둘이
사귀면 이지유와
최치선 양쪽
모두에게 얼마나
기쁜 일일지~!

나도
그런 얘기지!

음, 그리고
왜냐면...

큭

유대인 신자와 이방인 신자
서로 간에 정말 많은
차이가 있었고...

이지유와 최치선 간에도
살아온 인생에
많은 차이가 있었고...

하지만...

하지만.

그럼에도
복음이 어떻게
그 차이조차
허물고 하나될 수
있게 하는지를!

바울은 보여주고 싶었던 거지어어억!!

미끌

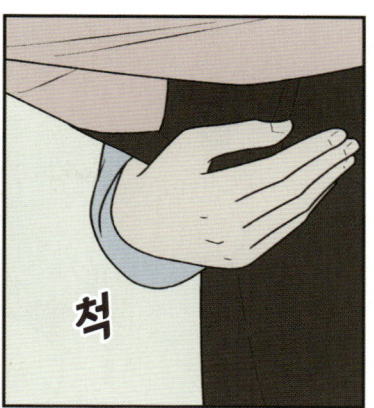

척

나도... 보여주고 싶어.

우리 둘이 함께면... 진짜 좋을 거라는 걸.

...되게 가파르다.

잡아줄까?

이 내리막 끝날 때까지만.

터벅

터벅

터벅

터벅

그날 밤.

나는 잠을 설쳤다.

뒤척

뒤척

어쩌자고?

어쩌자고
손을 잡은 거야?

...나도 치선이가 좋은 걸까?

좋아해도... 괜찮을까?

다음 날인 일요일은
부활절이었고

HAPPY EASTER
부활절 계란나눔

우리 팀 중 세 사람이 대예배 때
청년부 특별 워십을 해야 해서
청년 주석 모임은 한 주 쉬기로 했다.

덕분에 나는 제대로 늦잠을 잤고

청년부 예배 시간에 맞춰 갔다.

지유
왔다~!

지유야.
너는 대예배를
안 오니까
빅뉴스를
놓치잖니?

빅뉴스요?

그래.

치선이,
담임 목사님
아드님이었어.

오늘 대예배 때
교인들 앞에서
인사 시키더라고.
진짜 깜놀ㅋㅋ

...뭐?

진주야,
우리 청년 주석팀
제대로 골랐네. 우리가
무조건 대상이다ㅋㅋ

짝

담임 목사님
성격에 오히려 더
안 줄 거 같은데요.

아들이 속한 팀
대상 주면 말 나올 게 뻔한데?
머리 안 돌아갑니까?

우리
망했습니다!

아! 안 돼!!

최치선
쫓아내!!!

절 왜요?

지금까지 내 앞에서 보인 것들 전부...
가난 코스프레 한 거네...?

탁탁탁

이지유!!

탁탁탁

탁탁탁

터벅

주

1 대한성서공회, 『성경전서 새번역』(2001).

2 사도행전 1:8.

3 Craig S. Keener, 『IVP 성경배경주석』(IVP 역간, 2010), 1721.

4 Richard N. Longenecker, 『NIGTC 로마서(상권)』(새물결플러스 역간, 2020), 57-58; 로마서 15:22-28 참조.

믿음으로 의롭게 된다는 것

타박

내 얘기 잠깐만 들어주면 안 돼?

너랑 나... 비슷한 사람일 거라고 내가 착각했어.

니가... 나랑 비슷한 사람인 척 해줘서.

야, 그런 거 아니야.

뭐가 아니야?

지유야!

탁 탁 탁

뭐야, 뭐야,
무슨 일 있어?
왜 그래?

은혜야,
내가 이따
전화할게.

치선이랑 둘이 무슨 일 있었어?

아니, 걔 우리 속인 거잖아. 중고딩 때부터 쭉...

아... 그거 때문에...

근데 난 치선이 이해해.

치선이 이제 꽤 피곤해질 걸? 이렇게 큰 교회에서 담임 목사 아들인 거 알려졌으니...

아마 그게 싫어서 숨겨왔을 거야.

혹시...
은혜 넌
알고 있었어?

응... 사실
작년에 알았어.

헐??

작년 이스라엘
선교 여행 때

치선이랑
담임 목사님이
다투는 걸 우연히
봤거든.

치선이는
비밀로 해달라고 나한테
신신당부했었고

왜 지금 그걸 밝혔는진
모르겠지만, 암튼 치선이
너무 미워하지 마.

아! 그리고
선교 여행 올해도 가!
오늘 공지 떴는데.

선교 여행?
그게 매년
가는 거야?

응응!
작년엔
진짜 좋았거든!

아~ 지유
너도 같이 가면
너무 좋겠다.
올해는 독일로
간다더라고.

아...

다음 주에
와서 너도
공지 한번 봐.

응.. 그럴게.

그럼
굿밤~

작년엔 이스라엘로...
올해는 독일로...

응, 너두
굿밤.

이 교회는... 내 생각보다 더
'그사세'일지도 모르겠다.

109

내 얘기
잠깐만
들어주면
안 돼?

흥.

다음 주 일요일 아침.
우리는 2주만에 다시 모였다.

엥?
치선이는
또 안 왔네?

내가
오지 말라
그랬어.

네??

아니, 그렇잖아.
담임 목사님 아들이
이런 대회에 껴 있으면
다들 불편해.

심사 때도
그럴 거고.

치선이 본인도 납득하더만.... 어?

야야! 너 안 하기로 한 거..

참관이요 참관. 제 이름은 벌써 지우셨을 거 아녜요?

치선이 왔당~!

로마서 공부는 계속 하고 싶어서.

그러든지 말든지.

저런 게 진정성입니다.

......

자! 이제 확확 들어가봅시다! 로마서의 중.심.주.제.

좌ㅡ

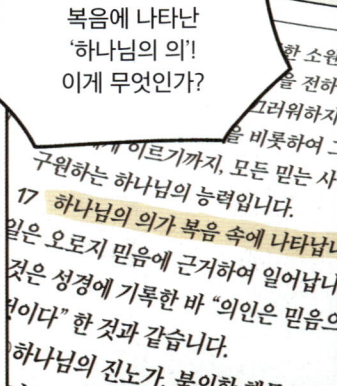

복음에 나타난
'하나님의 의'!
이게 무엇인가?

'의'라는 게
그건가?

왜, 우리가 예수님을
믿음으로 의롭다고
칭해진다고 하는 그거?

그렇지요.
하나님이 예수님의 십자가를 통해
우리 죄를 용서하시고
선물로 주신 '의'!

아 뭐야.
별로 어려운
개념도
아니었네.

뭔 소립니까?
아직 무슨 개념인지
들여다보지도
않았는데?

뭔 소리야.
방금 다 얘기했잖아?

믿음으로
의롭게 된다는 건
'하나님의 의'가
우리에게 전달되는
동선 묘사입니다.

'하나님의 의'
자체에 대한
정의는 아니죠.

예수님의 순종

죄 용서

하나님

이 주석에도 진주가 말한 내용이 나오네.

바울이 '하나님의 의'라는 말을 쓸 때, 하나님 자신의 '속성'으로서의 의미와 그걸 우리에게 선물하신 '전달'로서의 의미 두 가지를 다 포함했다고.[1]

전달

속성

확실히 '전달'로서의 의미는 익숙한데...

'하나님 자신의 의'가 뭔지는 생각 잘 안 해본듯...?

?

우선은 바울 당시에 '의'가 일반적으론 어떤 개념이었는지 먼저 봅시다.

의

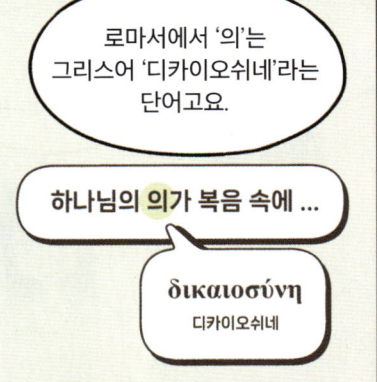

로마서에서 '의'는 그리스어 '디카이오쉬네'라는 단어고요.

하나님의 의가 복음 속에 ...

δικαιοσύνη
디카이오쉬네

이 단어의 어원인 '디케'는 그리스의 정의의 여신 이름이기도 하죠.

δικαιοσύνη

δίκαιος

δίκη
디케

로마에선 '유스티티아'라고 불리며

그리스   로마

δίκη
디케

Iustitia
유스티티아

로마를 '정의의 수도'로 여겨지게 한 그 여신.

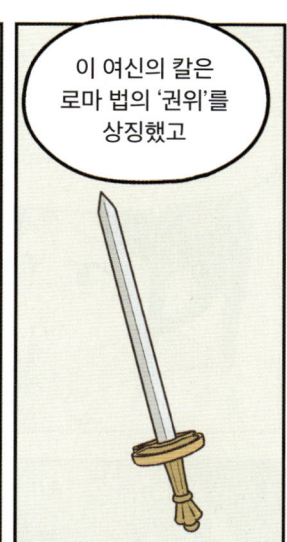

이 여신의 칼은 로마 법의 '권위'를 상징했고

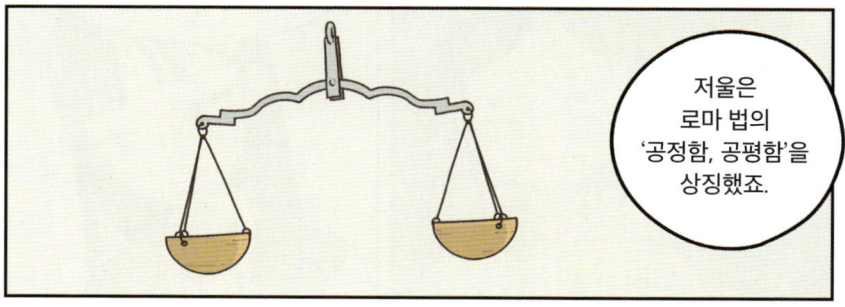

저울은 로마 법의 '공정함, 공평함'을 상징했죠.

지금은 우리나라 대법원에도, 세계 곳곳의 사법 기관에도 이 여신상이 있고요.

정의란 곧 '법'이었네?

흠...

지금이랑 비슷하네? 우리도 범죄자한테 법으로 판결을 잘 내리면 정의 구현했다고 하잖아?

맞네. 오, 좋은 포인트다.

......

흥!!!

뭐 하지만 '법'도 어디까지나 정의를 위한 수단이죠?

우리가 '정의'를 원하는 이유는
결국 잘못된 뭔가를 올바르게
바로잡기 위해서잖습니까?

바울 같은 유대인들에게,
그리고 구약성경에서
'하나님의 의'란 그런 거였습니다.

하나님의
의

구약성경

로마서에 보면
'의인은 믿음으로 산다'
라는 구절이 나오는데
이거 바울이
구약성경 하박국에서
인용해온
말이거든요?[2]

의인은 믿음으로 살 것이다.

로마서 1:17

의인은 믿음으로 산다.

하박국 2:4

그런데 하박국 예언자는
이 말을 정말 처절한 상황에서
내뱉었습니다.

와... 나 하박국
처음 읽어보는데 첫 부분부터
아주 절규를 하네...?

살려달라고 부르짖어도
듣지 않으시고
"폭력이다!" 하고 외쳐도
구해주지 않으시니,
주님, 언제까지 그러실 겁니까?

하박국 1:2[3]

이게...
바빌로니아가 유다 왕국을
멸망시키러 진격해오고 있던
시점이어서 그렇습니다.[4]

무화과 나뭇잎이 마르고~♪

포도 열매가 없어도~♪

우리가 신나게
부르는 찬양
'무화과 나뭇잎이'도

곧 나라의 멸망을
겪을 하박국의
처절한
고백이었죠.

무화과 나뭇잎... 흐흑...
마르고... 포도 열매도 없고...
그래도 나는 여호와로...
으흐어어엉....[5]

즉, 하박국은
멸망이 기정 사실화된
상황에서...

그럼에도 불구하고 하나님은 결국 나중에 저 폭력적인 나라를 처벌하실 것이고[6]

이스라엘과 맺은 약속을 지키시고 구원하실 분임을 믿으려 했습니다.[7]

그러한 '하나님의 정의로운 섭리'를 실시간으로 멸망하는 상황 중에서도 신뢰하는 신실함.

그것이 '의인은 믿음으로 산다'는 하박국의 문장에 담긴 의미였죠.

바울이 이 구절을 인용해올 때도 이런 하박국의 맥락을 염두에 둔 게 보입니다.[8]

바울은 이 구절 뒤부터 바로 당시 로마 세계에 가득한 죄와 폭력들을 나열해가는데[9]

하박국도 그 구절 다음부터 바빌로니아의 죄와 폭력들을 나열해갔거든요.[10]

게다가 하박국이 그 뒤에 이스라엘을 구원하러 나타나실 하나님에 대해 쓴 것처럼[11]

바울도 그 뒤에 우리를 위해 '하나님의 의'가 나타났다고 했죠.[12]

그러니 구조적으로는 거의 동일한 거고요![13]

차이가 있다면, 바울은 스케일을 키웠다는 거지요.

121

어, 하나님의 의가 어떻게 나타나는지 이 구절에 있어요.

'하나님의 의'는 예수 그리스도를 믿는 믿음을 통하여 오는 것... 로마서 3장 22절.[14]

예수님 믿고 천국 가는 게 하나님의 의다! 바울이 말한 거 맞네?

아니, 누가 자꾸 세상 탈출 어쩌구 하길래 ㅋㅋ

세상 탈출 구원론 존중해드릴 테니 5분만~ 닥쳐주시겠습니까~?

이거... 성경 전체에서 제일 난이도 빡센 구절 중 하나라서 스킵할까 했는데... 어쩔 수 없군요.

하나님의 의는 예수 그리스도를 믿는 믿음을 통하여 오는 것

로마서 3:22

그게 난이도 높은 구절이라고? 왜?

'예수 그리스도를
믿는 믿음'
이 부분의 번역 때문에!

하나님의 의는
예수 그리스도를 믿는 믿음을
통하여 오는 것

로마서 3:22

수십 년간 신학자들의
전쟁터가 된 구절이거든요!

그걸 다르게
번역할 수도 있어?

네.

'예수 그리스도의 신실함'
으로요.[15]

하나님의 의는
예수 그리스도를
믿는 믿음을
통하여 오는 것

대한성서공회 새번역

예수 그리스도의
신실함을
통하여 오는
하나님의 의

New English Translation

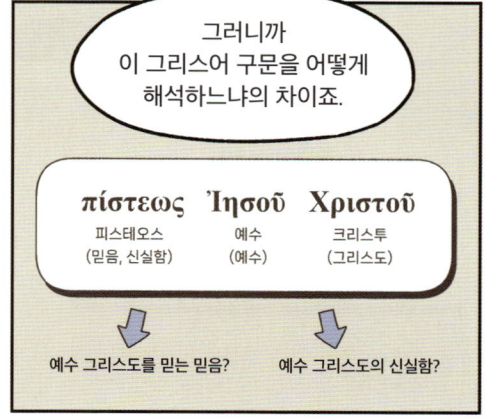

그러니까
이 그리스어 구문을 어떻게
해석하느냐의 차이죠.

πίστεως Ἰησοῦ Χριστοῦ

피스테오스   예수   크리스투
(믿음, 신실함)   (예수)   (그리스도)

예수 그리스도를 믿는 믿음?   예수 그리스도의 신실함?

이 '피스티스'라는 단어가
믿음, 신실함 두 의미를
다 갖고 있고요.[16]

πίστις

πίστεως, πίστιν

믿음, 신실함

바울은 이 단어를 이미 로마서 안에서 '신실함'이란 의미로 썼거든요.[17]

하나님의 **신실하심이** 없어지겠습니까?

πίστις

게다가 바울은 로마서 5장에서 '한 사람의 순종'을 통해 하나님의 의가 왔다고 합니다.[18]

'하나님의 의'에 대한 명확한 동선 묘사죠.

예수님의 순종

죄 용서

하나님의 의

하나님

그러니 바울은 '예수님의 신실한 순종'을 '하나님의 의'의 통로로 여기는 것이고

그래서 많은 신학자들이 이런 대안적인 번역을 제안하는 것이죠![19]

하나님의 의는 **예수 그리스도의 신실함을** 통하여 오는 것

로마서 3:22

어느 번역이 더 옳다고
할 순 없지만, 이 대안적 번역이
바울의 요지를 더 잘
나타내주는 거 같습니다.

로마 세계는
'법과 질서'로 의를
이루려고 했지만

바울이 보기에
로마 세계에는 되려
죄와 폭력이 가득했고,

유대인들은
'하나님의 율법'을 지킴으로
의를 이루려 했지만

바울이 보기에 유대인들은
율법 자체에도 신실하지
못했습니다.[20]

그 대신
한 사람이 오셨고

그가 자신의 삶과 죽음을 통해 '하나님의 의'를 이루셨다.

바울은 그 얘길 하는 거니까요.

그러면... 예수님의 삶과 죽음이 하나님이 이 세상을 바로잡는 일이었다 ...?

근데 십자가는 우리 죄를 용서해주고 천국 가게 해주는 건데 그게 어떻게 세상을 바로잡지?

크! 그러치, 지유야! 너는 내 편이었구나!

주

1 Richard N. Longenecker, 『NIGTC 로마서(상권)』(새물결플러스 역간, 2020), 303.

2 대한성서공회, 『성경전서 새번역』(2001).

3 대한성서공회, 『성경전서 새번역』(2001).

4 N. T. Wright, 『The New Interpreter's Bible Commentaries 로마서』(에클레시아북스 역간, 2014), 57.

5 하박국 3:17.

6 하박국 2:5-20.

7 하박국 3:2-19.

8 N. T. Wright, 58.

9 로마서 1:18-3:20.

10 하박국 2:5-20.

11 하박국 3:2-19.

12 로마서 3:21.

13 N. T. Wright, 같은 글.

14 대한성서공회, 『성경전서 새번역』(2001).

15 NET(New English Translation)역본의 원문은 "the righteousness of God through the faithfulness of Jesus Christ"다.

16 F. W. Danker, 『신약성서 그리스어 사전』(새물결플러스 역간, 2017), 450.

17 대한성서공회, 『성경전서 새번역』(2001), 로마서 3:3.

18 로마서 5:19; Richard N. Longenecker, 『NIGTC 로마서(상권)』(새물결플러스 역간, 2020), 676.

19 Karl Barth, George Howard, D. W. Robinson, Luke Timothy Johnson, Richard B. Hays, N. T. Wright, Bruce W. Longenecker 등.

20 로마서 2:17-29.

하나님이 정의를 이루시는 방식

지유 언니가 궁금해하는 바로 그 얘기가 로마서에 가~득 나옵니다!

팍

이제 한 포인트씩 살펴보...

치선아!

탁탁

...소원 언니?

좀 도와줄 수 있어? 우리 팀 싸움이 나서.

네?

뭐지. 신학 논쟁이라도 붙었나?

누나네 팀도 시간 옮긴 거예요?

아, 응응.

아, 뭘 또
딴 팀을 불러와?

이거 우리 청년부
전체 문제니까.
의견을 다 들어봐야지?

그건
맞네요.
들어오셔도
돼요, 다들.

아니, 뭔데요?

무슨 문젠데?

웅성

웅성

우리 청년부
매년 가는
선교 여행 말야.

올해는 독일로 간다고 하고. 치선이네 팀은 각자 어떻게 생각해?

선교 여행 얘기였어? 그게 싸움날 게 뭐 있지?

우리 팀은 뭐... 다 갈 걸? 나랑 진주는 이미 신청했고.

은혜 너도 갈 거잖아?

네.

치선이야 뭐 무조건 가는 거고 ㅋㅋ

그리고 지유도... 가지?

아...

그... 지유는
아직 공지도
제대로
못 봤을 텐데요?

비용이
혹시
얼마...?

350만 원
이었나?

삼백...오십...?
다들 그 돈을
낼 수 있는 거야?

그게 항공료랑
현지 비용
다 합친 거고.

근데 아마
현지 선교사님 헌금은
따로 챙겨야 할 거야.

그럼 전
못 갈 거
같아요.

왜 뭐,
자매님도
특별한 이유가
있어요?

이유...요?

예.

정호 형, 이유를 꼭 알아야 하나요?

못 가면 못 가는 거지 못 간다고 했다고 다들 분위기는 또 왜 이래요?

선교 여행 꼭 가야 하는 거 아니잖아요?

도헌아, 선교 여행 가보지도 않았으면서 그렇게 쉽게 말하면 안 돼.

거기서 받는 은혜가 얼마나 큰지 아니까 다들 매년 가는 거야.

다들 뭐 갑부라서 가는 줄 알아? 선교 여행 가려고 따로 다들 알바도 하고 그래!

왜?
하나님께서
그 이상으로
부어주시니까!
내가 경험
했으니까!

그래요?
하나님은
그런 분
이에요?

하나님
당신을 위해
많은 시간과 큰 돈을
들일 수 있는
사람한테만...

그런 사람한테만
은혜를 부어주시는 분이
우리 하나님이에요?

제가 성경을
아무리 읽어도
그런 하나님은
못 본 거
같은데요?

니가 하나님의 역사를 경험해봐!

경험해보고 말해!

그만 그만!!

미안. 내가 미안해. 모여서 얘기해도 하나도 덕이 안 되네.

그만하자. 대예배 갈 시간도 다 됐네.

그러므로 하나님께서는

우리의 응답을 기다리시는 것입니다.

이유...요?

예.

우리가 전심으로...

탁 탁 탁

왜 대예배
안 드리고
여기 계세요?

그냥 좀...
답답해서요.

아...

실은 저도...
ㅎㅎ

아까 고마웠어요.
제가 하고 싶은 말
다 해주셔가지고...
ㅎㅎ

아, 아녜요.
웃기잖아요,
하는 말들이 ㅎㅎ

다 갑부라서 가는 줄 알아?
선교 여행 가려고 따로
알바도 하고 그래!!

아ㅋㅋㅋ

평소엔 알바
할 필요 없던 사람들이나
할 수 있는 말이잖아요.

그니까요.
전 주말까지 알바하거든요.
근데 여기서 알바를
어떻게 더 해...

아, 이름이
도헌 형제님...
이었나요?

맞아요,
박도헌.
1학년이고요.
자매님은?

이지유.
전 1학년인데
재수했어요.

아, 그럼
말 편하게
하세요. 제가
동생이네요.

ㅎㅎ
알았어, 도헌아.

네, 누나.

뭔 얘길
이렇게 오래 해...
짜증나네...

누나, 제가 뭐 하나
알려드릴까요?

응? 뭘?

저희 청년부
김야고보 목사님은
선교 여행을 폐지하고
싶어 하세요.

아, 진짜?
왜?

저희랑 같은
이유죠, 뭐.

이거 때문에 경제적으로
부담 느끼는 청년들을
항상 봐오셨으니까.

문제는 담임 목사님이
이 선교 여행을 너무 중요하게
생각하시고...

청년부 주축 멤버들도
선교 여행을 진짜
애정한다는 거죠.

특히 청년부 찬양팀이
선교 여행에서 찍는 찬양 영상이
인기 많거든요. 매번 막
몇십만 조회 수 나오고.

그래서 사실
뭐... ㅎㅎ
김야고보 목사님이
할 수 있는 게
없으세요.

도헌이 너
그런 얘기를 김 목사님한테
들은 거야?

아, 저희 아버지가
김야고보 목사님 신학대학
은사시거든요.

아...!

두 분 얘기하시는
자리에서 들었죠.

144

아버지가 교수님이시구나.

뭐야. 얘도 결국 잘 사는 애였잖아.

아, 지금은 교수 아니시고요.

어?

어머니랑 같이 카페 겸 나무 공방 하고 계세요. 학교에선... 짤리셔서.

짤리셨다고? 뭐 때문에?

부당하게 학교에서 퇴학 처분된 학생들 지키려고 하시다가...

아, 좀 쓸데없이
정의감이 넘치셔가지고
ㅎㅎ

근데 제자라서 그런가,
김야고보 목사님도
저희 아버지랑 그런 부분이
좀 비슷하세요.

근데 이제
용기는 좀
부족하신?
ㅎㅎ

하지만
김 목사님이
어떤 식으로든
청년부의 변화를 위해
움직이신다면...

전
도우려고요.

교회에서 너 같은 애 처음 봐.

...? 제가 뭐 어떤데요?

쓸데없이 정의감 넘치는 거? 모임 자리에서 나를 도와준 것도 그렇고.

아~ 저도 아버지 닮아가나봐요. 그럼 인생 피곤해지는데...

ㅋㅋㅋ

근데 그런 걸로 따지면, 예수님이 인생 제일 피곤하게 사시긴 했죠.

당시 제일 존경받는 신앙인들이었던 바리새인들을 위선적이라고 대놓고 비판하시고[1]

당시 사람들이 하나님을 예배하는 곳이었던 성전에서 기물 파손하면서 난리치시고[2]

기도가 모이는 곳이
왜 돈이 모이는 곳이
되었냐?!!³

그니까 예수님 닮고
싶다는 말 함부로 하면
안 돼요~ㅋㅋ

아, 그러네?

그러네...
생각해보니
예수님은 뭔갈
바로잡고
싶어 하셨구나.

난 교회 안에서
한 번도 '정의'에 대해
생각해본 적이 없거든.

그래요?

뭔가
안 어울리지
않아?
'교회'랑
'정의'는?

성경에 나오는 '의'가
그리스어나 라틴어로는
그냥 '정의'랑 같은 말인 것도
이번에 모임 하면서 알았어.

δικαιοσύνη
디카이오쉬네

Iustitia
유스티티아

148

하나님이 이 세상 전체를 바로 잡길 원하신다는 것도.

그 일이 예수님을 통해 시작되었다는 것도.

궁금해. 그게 뭔지.

그런 게 가능한 건지.

음... 제가 모임에서 로마서를 보면서 특이했던 건...

바울은 '법의 정의'와 '하나님의 정의'를 대비시키더라고요.

법의 정의

VS

하나님의 정의

149

뭔 말이야...?

바울은 하나님의 의가 '율법과 별도로' 나타났다고 하거든요?[4]

이제는 율법과 상관없이 하나님의 의가 나타났습니다.
로마서 3:21

율법은 죄를 더 증가시킬 뿐이라고 하면서.[5]

율법은 범죄를 증가시키려고 끼어들어온 것입니다.
로마서 5:20

율법이 왜 죄를 더 증가시키지?

'율법'도 사실 그리스어로는 '법'이랑 같은 단어거든요?

율법   법

νόμος
노모스

'노모스'라는 단어인데

150

그리스의 '법의 신' 이름이기도 해요.

다 신들이네? 정의도 정의의 여신 '디케'가 있던데 ㅎㅎ

그 디케가 노모스의 딸이에요.

아!

법의 신이 정의의 여신을 낳은 거구나?

그쵸. 법이 정의를 낳는다. 그게 당시 세계의 상식이었죠.

유대인들도 모세오경의 '법'을 준수하는 것이 '의'를 이루는 일이라 여겼고요.

그러니까 바울은 아주 낯선 얘기를 던진 거죠.

하나님의 '의'는 '법'과 상관없이 나타났다고.

법은 죄를 더 증가시킬 뿐이라고.

바울은 왜 그렇게 생각하는 거야?

법이라는 게 결국 뭐가 '죄'인지를 규정하는 거잖아요?

OOO 하는 자는 처벌 받는다

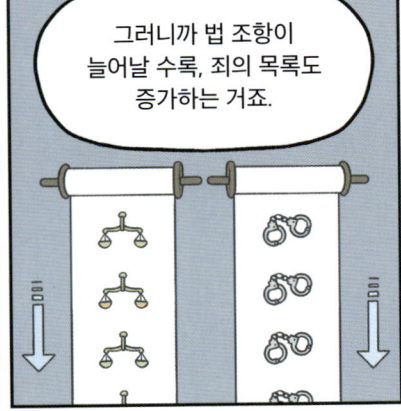

그러니까 법 조항이 늘어날 수록, 죄의 목록도 증가하는 거죠.

근데 그렇게
법을 잘 세워가는 만큼
사회에 정의도
잘 세워지지 않나?

바울이 보기에
'법'의 좋은 점은
딱 한 가지예요.

무엇이 '죄'인지를
인식하게 해주는 거.[6]

율법에 비추어 보지 않았다면, 나는
죄가 무엇인지 알지 못하였을 것입니다.

로마서 7:7

하지만 바울이 보기에
그것으로는 진정한 '정의'를
낳을 수 없다는 거죠.

너희 아빠
아닐 수도 있어.

법 조항을 추가하고,
죄의 범위를 확장하고, 처벌을
늘려가는 건 하나님의 방식이
아니라는 거예요.[7]

그럼
하나님의
방식은
뭔데?

처벌받는 사람을
늘려가는 게 아니라,
혜택 받는 사람을
늘려가는 거요.[8]

가능한 한 많은
사람에게 조건 없이
선물을 주시는 거.

그게 하나님이
이 세상에서
정의를 이루시는
방식이에요.

그 일이 십자가에서
시작된 거죠.

예수님은
이 세상 모든
죄의 처벌을
자기 안에서
감당하셨고

155

법이나 교리로 다른 사람을
판단하고 정죄하는 삶을 통해
'노모스의 정의'에 참여하거나.

척

으음...

좀 너무 이상적으로 들려.
교회 안에서부터 그런 건
어려울 거 같은데?

바울 본인도
유대인 신자와 이방인 신자가
서로 조건 없이 받아들이게
하는 데 실패했잖아?

그쵸.
바울의 초기 선교 기지
안디옥에선 그 문제를
해결 못 했죠.

그래서 더 로마 교회에선
해결하고 싶었을 거 같아요.
그 고민이 로마서 9장부터
본격적으로 나오거든요.

흠... 바울이라고 무슨
뾰족한 수가 있었을까...?

야,
이지유.

깜짝

아,
치선이 형!

깜짝이야.
뭐야?

지금
청년부 예배 갈 시간
다 됐는데?

으아!
벌써 시간이!!

벌떡

아.

저 이번 주
주보 나눠주는 거 해야
해서 먼저 가볼게요!

그래,
빨리 가봐.

157

엘리베이터로 가게?

응, 다리 아파서. 넌 걸어 올라가.

아이고, 다리야 아이고...

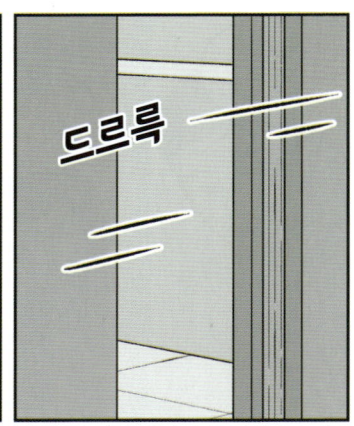

드르륵

꾹

위이-이잉-

주

1 마태복음 23:13-36.

2 마가복음 11:15-18; 요한복음 2:13-22.

3 마가복음 11:17; 요한복음 2:16.

4 대한성서공회, 『성경전서 새번역』(2001).

5 대한성서공회, 『성경전서 새번역』(2001).

6 대한성서공회, 『성경전서 새번역』(2001).

7 Douglas Harink, 『칭의 대신 정의의 시선으로 로마서 읽기』(새물결플러스 역간, 2024), 154-155.

8 같은 글.

굳이 하나 되어야 할 이유

덜컹

164

전에 이랬을 때
엄마가 꼭 안아줘서...
나아졌거든...

기억나?

응...
기억나?

천천히
심호흡하고
있어.

난
관리집사님한테
전화 좀 할게.

예, 집사님.
교회 중앙
엘리베이터가
멈춰서요.
예예.

예,
감사합니다.

집사님이
관리업체 바로
부르신대.
금방 해결될
거야.

나한테
아직...
화났어?

...왜
처음부터
솔직하게
말 안 했어?

너한테
솔직하지
않은 적
없는데, 난?

웃기지 마.

너 알고 지낸 지
한 6년 됐나?
근데 대형교회
목사 아들인 걸
이제야 알았네?

뭐 하나 이해되는 게 없어.
고등학교 땐 알바를 왜 그렇게
많이 한 거야?
안 해도 됐을 텐데?

대학은 왜 안 가고
식당에서 일해? 충분히
갈 수 있었을 텐데?

그래야
아빠가 날
포기할 거라
생각했어.

중1때였나.
아빠는 나
목사 되라고
서원 기도를
하셨거든.

교인들
다 보는
앞에서.

난 교회를 잘 알아. 어릴 때부터 진짜 많은 걸 봤어.

목사가 된다는 게 뭔지. 목사의 아내가 된다는 게 뭔지.

별것도 아닌 일로 장로님들한테 트집 잡힌 엄마가...

결국 예배 시간에 공개 회개하게 되셨을 때

엄마를 지키기 위한 그 어떤 행동도 하지 않은 아빠를 봤을 때

교회가 정말 싫었어.

집을 나왔어. 계속 그렇게 있다간... 아빠 서원대로 나도 목사가 될 거 같아서.

니가 전학온 게
중2 때였으니까...
집 나온 게 그때야?

응. 공부에
집중하고 싶단 핑계를 대고
사촌 형네 집으로 들어갔지.

그리고
이지유를
만났지.

너랑 있을 때
난 제일 솔직했고

너랑 있을 때의 내가
제일 나 같았어.

지금도
그렇고.

^3

위이이잉-

위이이잉-

아! 고쳐졌다.

무화과 나뭇잎이
마르고♪

포도 열매가 없으며♪
감람나무 열매

최치선.

응?

이따...
저녁 같이
먹을래?

이 교회에 부임하면서부터 생각해왔습니다.

우리 청년부가 가까운 이웃들에게도 신경을 쓰는 게 마땅하다는 것.

그리고 매년 가는 해외 선교 여행이 금전적으로 부담이 가는 청년들이 분명 있을 텐데

그동안은 여름 일정이 선교 여행 하나뿐이어서, 다 가야 하는 분위기를 조성해왔다는 것.

그래서 대안적 선택지로 이 '에이레네 프로젝트'를 구상한 겁니다.

이거 담임 목사님이 허락하신 건가요?

174

결정된 건 없습니다.
참여도를 조사해서 담임 목사님께
보고드린 뒤에 결정되겠지요.

신청 링크는
주보에 QR코드로 있으니까,
참여 원하는 형제 자매들은
신청하시고요.

예바

2. 0
청년부에서
예정 날짜는 8월 5일 ~ 8일(3박 4일)
참여를 원하는 청년들은 아래 QR코드

←에이레네 프로젝트 신

청년부 여름 봉사활동
'에이레네 프로젝트' 참여 조사

이름

결국 우리는

청년부 예배 후에
다시 모였다.

이거
신청할 사람
있어?

저요.

...넌 그럴 줄
알았다.

저도요.

은주야! 찬양팀 건반이
선교 여행을 안 간다고?

저도요!

저도요!

치선아!

근데 누나는 뭣 때문에
그러시는 거예요? 국내 봉사는
하면 안 되는 건가?

아니, 국내 봉사
당연히 중요하지.
교회가 할 일이라 생각해.

근데 지금 이런 방식은
아니란 거야. 왜 선교 여행이랑
둘 중에 선택하게 만들어?

청년부가
분열될 게 뻔하잖아!

맞아.

아...

이거 아주
재밌군요.

177

뭐?

로마서의 배경인
로마 교회의 상황과
우리가 흡사해지고
있잖습니까?

얘는
진짜 로마서에
진심이다...

사실
김 목사님이
분열을
일으켰다기
보다는

덮여 있던
청년부 내의
가치관 차이를
이번 일로 드러내신
거지요.

이웃에 대한 실질적
도움을 더 중요시하는
청년들이 있고

선교를
더 중요시하는 청년들이
있다는 것을요.

그렇다면 이것은
좋은 기회입니다!

로마 교회의 분열 상황에서
바울이 내린 처방을 우리에게
테스트해볼 기회요!

진주야!
분위기 파악 좀 해!
지금 분열을
막아야지.
무슨 테스트야?

소곤..

내가... T내지
말라 했잖아...

알아서들
해라.
난 모르겠다.

힉

치선아.

179

나랑 얘기 좀 해.

예? 뭔 얘기를?

덥썩

중요한 얘기.

어.

아니, 뭔데요?

저 언니 아까부터 겁나 신경 쓰이네?

뭐... 저희는 모인 김에 좀 더 얘기하다 갈까요?

저는 진주 얘기가 궁금해서요. 바울이 분열 상황에서 내린 처방이 뭔지.

그래, 들려줄게. 마음도 얼굴도 바람직한 도헌아.

끄덕 끄덕

아니야, 도헌아. 그 얘기는 형이 해줄게.

바울의 처방이야 뭐 뻔하지 않겠어?

서로 사랑해라~ 받아들여라~ 이런 거겠지 뭐.

난 여전히 이해가 안 가는 게...

유대인 신자와 이방인 신자 사이의 문화 차이가 심했다며? 율법에 대한 생각도 달랐고?

그럼 그냥 따로 모이는 게 낫지 않냐는 거지.

저도 현실적으로는 그게 맞는 거 같은데...

바울은 로마서의 상당한 분량을 할애하면서까지...

그들을 하나 되게 하려 했단 말이죠?

부들 부들

왜 그렇게까지? 그런 의문이 생기긴 하네요.

음... 일단

바울은 그게 예수님이 하시는 일이라 여겼던 거 같습니다.

예수님이 하시는 일?

네.

바울은 로마서에서 예수님을 '속죄제물'이라 표현했는데요.[1]

하나님께서는 이 예수를 **속죄제물로** 내주셨습니다.

로마서 3:25

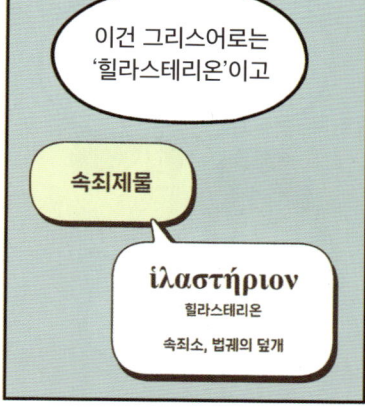

이건 그리스어로는 '힐라스테리온'이고

속죄제물

$\dot{\iota}\lambda\alpha\sigma\tau\acute{\eta}\rho\iota o\nu$

힐라스테리온

속죄소, 법궤의 덮개

구약성경의 '속죄소' 즉 법궤의 덮개를 지칭한 단어입니다.[2]

속죄일에 대제사장은 이 덮개에 희생제물의 피를 뿌렸죠.[3]

피를... 뿌려? 무슨 의미인데?

구약성경에서 '죄'는 자기 자신만 더럽히는 게 아니라

그들이 사는 땅, 하나님의 이름, 그리고 법궤가 있는 성소까지 더럽힌다고 나오거든요?[4]

법궤 덮개인 '힐라스테리온'에 피를 뿌리는 건 그것을 정화하는 의식이었죠.

그래서 속죄일마다 이스라엘 사람들은 상기했을 겁니다.

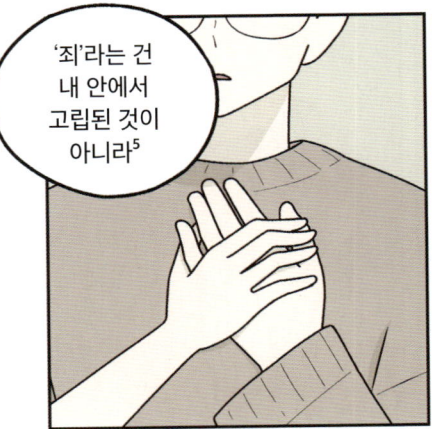

'죄'라는 건 내 안에서 고립된 것이 아니라[5]

나의 외부 세계에 어떤 식으로든 영향을 끼친다는 걸.[6]

'죄'가 그렇다면
'속죄' 역시 자기 자신만
바로잡히는 일이
아닌 거죠.

성소가 바로잡히고
더 나아가 이스라엘 공동체가
바로잡히는 일이었습니다.

예수님의
십자가를 통한 속죄 역시
그렇지 않을까요?

나와 하나님의
관계가 바로잡히는 것에서
더 나아가

온 창조세계가
바로잡혀서

우리 모두가
온전한 화해 속으로
들어가는 것.

그러니, 바울이 유대인 신자와 이방인 신자 사이에 화해를 이루려 했던 것도

예수님의 십자가가 바로 그런 화해를 이룬다고 여겼기 때문 아닐까요?

오! 딱 맞는 구절 발견. 바울이 에베소서엔 이렇게 썼네.

"그리스도께서는 유대 사람과 이방 사람이 양쪽으로 갈라져 있는 것을 하나로 만드신 분이십니다."[7]

"원수된 것을 십자가로 소멸하시고 이 둘을 한 몸으로 만드셔서, 하나님과 화해시키셨습니다."[8]

너 진짜
선교 여행
안 가고
국내 봉사로
갈 거야?

네

...아쉽네.

이번 선교 여행
같이 가면
너한테 하고 싶은
얘기가 있었는데.

뭔 얘기를...?

작년부터 해온
기도의 응답.

187

주

1 대한성서공회, 『성경전서 새번역』(2001).

2 Richard N. Longenecker, 『NIGTC 로마서 (상권)』(새물결플러스 역간, 2020), 699.

3 레위기 16:14-16.

4 레위기 18:25; 20:3.

5 Christine Hayes, 『구약 읽기: 역사와 문헌』(문학동네 역간, 2022), 10장. EPUB 전자책.

6 같은 글.

7 대한성서공회, 『성경전서 새번역』(2001), 에베소서 2:14.

8 대한성서공회, 『성경전서 새번역』(2001), 에베소서 2:16.

지유의 결심

뭘 놀래?
사모님 말이야.
작년에 암 수술
하셨잖아.

기...
기도 응답?

이번에 완치 판정
받으셨다며?

아... 네.

아니, 근데
어떻게 알았어요?
교인 분들은
모를 텐데?

사모님이
유일하게 믿고
얘기하는 분이
우리 엄마거든.

난 사모의
삶이라는 거
잘 몰랐는데...
작년에 우연히
한 장면을
봤어.

권사님 한 분이 예배당에 들어가시다가

사모님 옷깃을 들춰보고 가시는 거야.

진짜 순식간에 일어난 일이라, 내가 뭘 본 거지... 싶다가...

아... 무슨 메이커를 입나 확인한 거구나.

짧은 순간이었지만 그때 사모님의 삶에 대해 많은 생각이 스치더라.

싼 거 입으면 담임목사 욕 먹인다는 소리 듣고

비싼 거 입으면 성도들 헌금으로 명품 사 입는다는 소리 들으셨겠지.

이런 거
말고도 얼마나
많으셨을까?

그러니
암 걸리시고도
무슨 소리라도
나올까 봐..

뭔가 사모가
하나님 앞에 잘못한 게
있나... 그딴 소리 나올까 봐
숨기신 거겠다...
싶더라.

그래서 작년부터
사모님을 위한 기도를
시작했어.

암 완치를
위해서만이
아니라...
사모님의 삶을
위해서.

그래서 완치 소식이 나한텐 응답이었어.

토닥 토닥

그래, 소원이 잘 하고 있어~ 사모님 위해 계속 기도해~ 그런 하나님의 토닥임? ㅎㅎ

근데 그 사모님 아들이 치선이 너란 걸 이제야 알게 됐잖아!

내가 얼마나 너한테 자랑하고 싶었겠냐?

나 잘했지?

ㅎㅎ..

네. 고마워요, 누나.

근데 이게 굳이
독일 가서 해야 할
얘기였어요?

나...
기도 응답
다 얘기해준 거
아냐.

아! 사모님
완치 기념으로 우리 엄마가
오늘 저녁 식사
초대했거든?

사모님
혼자 오실 거 같던데,
그러지 말고 너가
모시고 같이 와.

아, 오늘
저녁이요?

응응.

웅성

웅성

최치선...
가버린 거야?
그 언니랑?

이따...
저녁 같이
먹을래?

내 말...
못 들은 것도
아니었는데...

터벅

터벅

터벅

응,
은혜야.

집 도착?

응 거의.

요즘 우리
로마서 공부
내용이 점점
딥해지고 있는데...
좀 어때?

모르겠어.
예수님의 십자가는 화해를
이루는 거라는데...
사실 잘 모르겠어.

아...
그래?

진주는 선교여행
안 가는 걸 가치관의 차이니,
의견 차이니 얘기했지만...
난 아니거든.

나도 돈만 있으면
독일 가고 싶어.

난 그냥 국내 봉사를 택할 수밖에 없는 거야. 가치관은 무슨.. ㅎㅎ

지유야...

대체 뭐 어떻게 하나 될 수 있지?

그냥 이런 건... 어쩔 수 없는 거잖아.

나 그럼 치선이랑 같은 아파트 주민이었네~ㅎㅎ

같은 아파트?

나 담임 목사님이랑 같은 반포 아파트 살잖아.

아~ 담임 목사님도 그 아파트 사셔?

ㅇㅇ

그래. 최치선 너도...

그 언니랑
더 잘 맞겠다.

지유야?

나 끊을게.

흑..

흑..

터벅

터벅

터벅

터벅

터벅

터벅

터벅

넌 왜
국내 봉사
한다고 했어?
걍 독일 가지?

터벅

...몰라서
묻는 거야?

터벅

터벅

당연히
너 따라가는
거지.

참 나.
내가 뭘 하든 나만
따라다닐 거야?

응.

...

이 바보는 자발적으로
선택지를 없앴네.

난 싫어. 남한테... 상황에...
끌려다니는 거.

답답해.

속 시원히
나 스스로 선택할 수
있는 거 하나만...

...?

사귀자.

대답할 필요 없어.
넌 나만 따라다닌다
했으니까...

지금부터
나랑 사귀어.

내 선택대로
그냥
따라오면 돼.

알았어.
그대로
따라갈게.

크흑..

왜 웃어?

아니, 사귀잔 말을 왜 그렇게 화난 표정으로 해? ㅋㅋㅋ

아.. 내가 언제...

뭔진 몰라도 이지유 화 풀리려면 맛있는 거 먹어야겠네.

가자, 저녁 먹으러.

이쪽으로 와! 식당도 내가 고를 거야.

탁탁탁

탁탁탁

너무 홧김에 말한 건가 싶어서

치선이에게
미안한 마음이
조금 올라왔지만

아, 좀
천천히 가!

탁탁탁

우리 둘의 관계가 교회 안에서
과연 무사할지도 알 수 없지만

내가 이것 하나도
선택 못 한다면
너무 숨막힐 거 같아서.

우리 둘조차 하나될 수 없다면
예수님 말씀이든 바울의 글이든
더 이상 못 읽을 거 같아서.

탁탁탁

유대인과 이방인 사이의
거대한 차이를 허물어뜨린 게
십자가 사랑이라면...

그거 믿기 힘들지만...

믿어보고 싶어서.

...?

그런 사랑이
정말로 있다면

그 사랑은 분명
생동하고
있을 것이니.

나와 치선이 사이의
작은 간극 정도는 메우고도
남을 것이니.

난 이제 이 녀석을
끌어안은 채로
하나님 당신에게
질문할 것이다.

믿음의 강자들과 약자들

약한 자♥

강한 자♥

사랑하는
하나님...

우리 유서영 사모님을
암에서 깨끗하게 해주심에
감사드립... 흑..

아유..
우리 주 권사님
또 우시네.

아니 우리 착한 사모님한테
왜 그런 병을 주셨나...
하나님 엄청 원망했던 게
떠올라서...

우리 소원이가 저보다 나아요.
하나님이 반드시 고쳐주실 거라고
믿고 매일 기도하더라고, 쟤가.

그랬구나?
고맙다, 소원아.

아이, 당연히
기도해야죠.

두 분 기도 덕분에 튼튼해져서, 이번 선교 여행은 저도 갑니다.

우와! 너무 좋아요!

올해는 독일이라면서요?

그렇죠.

종교개혁가들의 발자취를 따라가볼 거라 뜻깊을 거예요.

올해는 나도 가야겠다.

짝

헐? 엄마 가게는 어쩌고?

가게가 문제야? 우리 사모님 내가 지켜야지! 유럽이 무서운 동네야~

하긴... 이번에 치선이는 안 간다니까, 엄마가 사모님 지켜야겠네.

치선이가 안 간다니?
그게 무슨 소리야?

아... 사모님 모르셨어요?
치선이는 그때 국내 봉사
간다고 하더라고요.

국내 봉사?

네. 청년부 김야고보 목사님이
'에이레네 프로젝트'라고
새로 만드신 프로그램이요.

모르셨...어요?

다시 일주일이
지났다.

우웅-

우웅-

우웅-

우웅-

213

215

자~ 지난 시간까진 바울이 왜 굳이 유대인과 이방인 사이를 화해시키려 했는지를 봤었죠?

굳이 하나 되어야 할 이유. 뭐였죠, 유창 형제님?

예수님의 십자가가 화해를 이루셨습니다. 아~~멘!

ㅋㅋㅋ

아~~멘!

난 그냥 국내 봉사를 택할 수밖에 없는 거야. 가치관은 무슨... ㅎㅎ

지유야...

대체 뭐 어떻게 하나 될 수 있지?

실제로... 어떻게 하나 될 수 있을까?

바울 당시의 유대인 신자와 이방인 신자도, 그게 본인 선택은 아니었잖아?

유대인 신자는 유대인으로 태어났으니 율법을 지키는 게 몸에 밸 수밖에 없었겠지.

이방인 신자는 로마 제국의 유대인 혐오 문화 속에서 자라며 율법에 대한 거부감을 체득했을 거고.

217

의견 차이가 아니라 삶의 조건 자체에서 오는 차이라면... 그걸 어떻게 극복하지?

아, 다 필요 없고 성경대로 하면 돼!

예수님을 믿는다면 율법에 얽매여 있으면 안 되잖아? 당연한 거지?

그럼 변화되어야 할 쪽은 유대인 신자네.

율법에 얽매여 있으면 안 된다는 것까지는 바울과 유창 오빠 생각이 일치하지만.

바울은 여기서 이방인 신자들을 향해 말합니다.

218

율법 준수를 고수하는 신자들을 비판하지 말라고.[1]

왜지?

사실 이건 바울의 입장이 바뀐 겁니다.

바울은 분명 갈라디아서에선 정반대로 주장했거든요.

갈라디아인들에게 보낸 편지
Epistle to the Galatians

기독교인임에도 율법의 절기를 지키는 행태를 강하게 비판했습니다.[2]

그런데 로마서에서는 절기 지키는 것을 비판하지 말라고 하죠.[3]

절기뿐 아니라 음식법을 지키는 것도 비판하지 말라고 하면서

고기!

고기 먹어! 이 율법주의 자들아!

이 문제에만 로마서 14장에서 15장에 걸친 적지 않은 분량을 씁니다.

15장

14장

바울은 왜 생각이 바뀐 거지?

저도 그게 의문이었는데... 아까 은혜 언니가 그랬죠?

의견 차이가 아니라 삶의 조건 자체에서 오는 차이를 어떻게 극복하냐고.

그 맥락에서 보니, 바울의 단어 선택이 의미심장 했어요.

바울은 로마서에서 유대인 신자들을 '약한 자들'로, 이방인 신자들을 '강한 자들'로 부르거든요?[4]

약한 자♥

강한 자♥

바울의 눈에는 유대인 신자들이 믿음의 약자들로 보이기 시작한 거죠.

믿음의 약자들...?

걔네가 왜 믿음의 약자들이야?

네, 그걸 살펴봅시다.

로마서 11장을 보면 바울이 극단적으로 반문합니다.

하나님께서 유대인들을 버리신 것인가? 이스라엘은 망한 건가?[5]

왜 이런 반문이
나왔을까요?

당시 로마 교회
안에 그런 인식이
있었나?

그런 인식이
생기기 너~무 쉬운
상황이었죠.

왜?

클라우디우스
황제의 유대인 추방령
기억나십니까?

49년의 그 추방령으로
로마 교회 안의 유대인 리더십이
사라졌었죠.

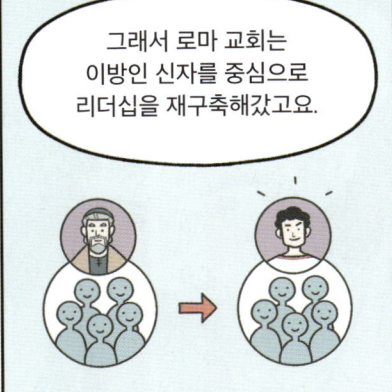

그래서 로마 교회는
이방인 신자를 중심으로
리더십을 재구축해갔고요.

그 과정에서 이방인 신자들은 무슨 생각을 했을까요?

마 이래 된 것도 다 하나님의 뜻이 있지 않겠나?

나는 지금 딱 그거 같그등?

유대인 글마들은 인제 하나님 나라에 적합하지 않다. 이거 아이겠나?

막말로 하나님이 보내신 아들을 알아보지도 못하고 죽인 게 유대인 글마들 아이가?

맞네!

맞네!

게다가 여전히 대다수의 유대인들은 예수님이 메시아임을 거부하고 있었으니...

223

이스라엘 자체가
하나님의 약속에서
끊어진 것 아닌가?

유대 민족과
이스라엘에 대한 그런 판단이
로마 교회 안에
횡행했을 수 있죠.[6]

옳고 그름으로만 따지면
기독교인이 절기와 음식법을
지키는 건 당연히
잘못된 거죠.

하지만 바울의 눈에는
다른 측면이 보였던 것
같습니다.

로마인이나
그리스인으로 살아온 신자들
눈으로는 볼 수 없던

바울 자신이
유대인으로 자랐기 때문에,
볼 수 있었던 유대인들의
삶의 조건들을.

절망을 너무 많이 겪어야 했던 민족이죠.

그들이 하나님께 두었던 소망을 박살냈던, 바빌로니아에 의한 멸망을 시작으로...

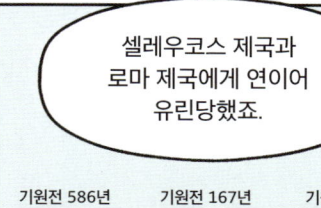

셀레우코스 제국과 로마 제국에게 연이어 유린당했죠.

기원전 586년

바빌로니아의 네부카드네자르의 유다 왕국 침공

기원전 167년

셀레우코스의 안티오코스 4세의 성전 유린

기원전 63년

로마의 폼페이우스의 예루살렘 정복

새 시대를 열어줄 것 같던 메시아적 인물들은

로마에 의해 매번 철저히 응징당하며 사라졌습니다.

길을 찾을 수 있을 거란 희망이 점차 사라져갔죠.

하나님이 우리를 위해 행동하실 것이라는 소망의 불씨가 꺼져갔습니다.

그런 유대인들을 정신적으로 지탱시킨 것이 율법이었습니다.

이 절망적인 현실 속에서 내가 하나님의 백성임을 자각할 수 있는 유일한 방편.

바울 역시 유대인으로서는 그렇게 살아왔기 때문에

그들을 믿음의 약자들로 부르며, 나서서 방패막이가 되어준 거죠.

여기서 우리에게 적용해볼 게 두 가지 있는 거 같습니다.

첫 번째는,
바울이 갈등을 다루는
방식입니다.

교회에서 생기는 갈등은
보통 어느 한쪽이
승리하면서 끝나죠?

승리는 주로...

너
이단!!

상대의 입장을
이단시하여
낙인 찍는
방법으로
합니다...

하하하하!

한 개인이나 그룹을 추방시킴으로써 공동체의 평화를 이루는 거죠.

그래서 교회에서 힘과 권위를 가진 쪽이 이길 때가 많고요.

그 반대의 경우도 있지 않나?

자기 인생에서 교회를 추방시킴으로써 갈등을 해결하는 경우.

그리고 교회 바깥에서 교회 욕을 막 하고 다니는 거지.

교회 다니는 사람들을 몰상식한 부류로 낙인찍기도 하면서.

비정상   몰상식   비과학

그렇죠.
그래서 참...

화해의 여지가
보이지 않는 대립일 때가
많습니다.

진리가
없네!!

뇌가
없네!!

그래서 바울은
신자들 모두에게
결심하라고 합니다.

서로를 심판하지 않고,
서로에게 걸림돌을
놓지 않겠다고.[7]

양쪽 다
주님을 위해
뭔가를 하고 있단
점은 같으니,
서로를
존중하라고.[8]

229

되겠냐?

크흡..

...

...

바울이 '걸림돌'을 놓지 말라고 한 그 단어의 의미를 좀 살펴보면[9]

...부터는 서로 남을 심판하지 마십시다. 형제자매 앞에 장애물이나 걸림돌을 놓지 않겠다고...

σκάνδαλον
스칸달론

문자적으로는 올가미, 즉 덫을 놓는 행위이고[10]

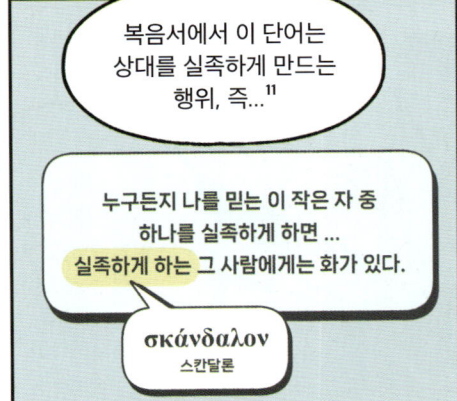

복음서에서 이 단어는 상대를 실족하게 만드는 행위, 즉...[11]

누구든지 나를 믿는 이 작은 자 중 하나를 실족하게 하면 ... 실족하게 하는 그 사람에게는 화가 있다.

σκάνδαλον
스칸달론

상대가 죄를 짓게 유도하여, 그를 타락시키는 행위를 의미했죠.[12]

바울은 그 정도로 강력한 단어를 사용한 겁니다.

상대의 잘못된 신앙을 바로잡겠다며 나서서 한 비판과 압박들이

결국 그 사람이 교회를 떠나게 만들어서

실족하게 할 수 있다는 거죠.

아니, 근데 잘못된 입장을 갖고 있으면 바로 잡아주는 게 맞긴 하잖아?

로마 교회에서 절기와 음식법을 지키고 있었던 신자들이 바로 그 경우잖습니까?

바울은 원칙적으로는 그걸 옳지 않다고 여기는 사람이잖아요?

아, 맞네.

그럼에도 불구하고 바울은 자기 입장 반대편에 있는 이들을 품었다?

그쵸.

아예 예수님과 복음 자체를 거부하는 경우가 아니라면

걸림돌을 놓지 않는 게 더 우선이란 거죠.

진짜 어려운 요구이긴 한 거 같아.

한쪽이
포용하려 해도...

다른 한쪽이
그렇지 않으면 성립이
안 되는 거니까.

그렇죠...
양쪽 다 포용의 의지가 있어야
가능한 얘기이긴 합니다.

여기서
두 번째 적용점이
나와야겠군요.

두 번째
적용점은 뭔데?

저... 모임 중에
죄송한데요.

어,
도헌아?

저희
청년부 목사님...
바뀔 거
같아요.

갑작스런 소식에
두 팀은 다시 모였다.

주

1 로마서 14장.

2 갈라디아서 4:10-11.

3 로마서 14:5-10.

4 로마서 14, 15장.

5 로마서 11:1, 11.

6 N. T. Wright, 『The New Interpreter's Bible Commentaries 로마서』(에클레시아북스 역간, 2014), 26-27.

7 로마서 14:13.

8 로마서 14:6-8.

9 대한성서공회, 『성경전서 새번역』(2001), 로마서 14:13.

10 F. W. Danker, 『신약성서 그리스어 사전』(새물결플러스 역간, 2017), 505.

11 대한성서공회, 『성경전서 새번역』(2001), 마태복음 18:7.

12 Donald A. Hagner, 『WBC 마태복음(하)』(솔로몬 역간, 2006), 832-833.

위에 있는 권세를 대하는 방법

도헌아, 얘기해봐.
뭔 소리야 그게?

에이레네 프로젝트
참여도 조사 결과가 나왔는데...
청년부 인원의 3분의 1이
넘었더라고요.

오, 그 정도면
프로그램 개설할 만
하네?

그쵸. 그래서 그거 보고
김야고보 목사님께
전화를 드렸는데...

에이레네
프로젝트는...
아쉽지만
무산됐다.

아니, 왜요?

에이레네 프로젝트

청년부 국내 봉사활동

8월 5일 – 8월 8일

좋은 프로그램을 구상하셨네요.

예전부터 느낀 거지만, 김 목사님은 이런 데서 부목사 하고 있기는 아까워.

이렇게 능력 있는 분이.

김 목사는
개척을 하는 게
한국교회를 위해서도
유익일 거
같은데.

내년엔
개척해보는 거
어때요?

그 얘기
듣고
설마 했는데...

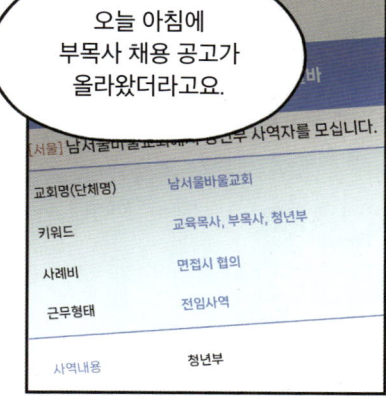

오늘 아침에
부목사 채용 공고가
올라왔더라고요.

[서울] 남서울바울교회에서 청년부 사역자를 모십니다.

교회명(단체명)	남서울바울교회
키워드	교육목사, 부목사, 청년부
사례비	면접시 협의
근무형태	전임사역
사역내용	청년부

부당하네요!

에반데?

근데 솔직히 김야고보 목사님이 오버하신 건 맞잖아? 선교 여행은 우리 교회 전통인데.

그렇다고 교회에서 짤라?

김 목사님 지금 애가 둘이신데, 사택에서도 나가셔야 돼.

아무 준비도 없이 당장 집도, 사역지도 새로 구하셔야 된다고.

개척하시면 되잖아?

이 샛기 완전 대가리 꽃밭이네!!

드륵

워~ 워~

242

요즘 개척교회로 살아남을 확률이 되게 낮다고는 하더라...

흐 흐...

진주가 했던 말이 맞네요.

교회 안의 갈등은 힘을 가진 쪽이 이겨서 해결된다고.

포용하려는 자세를 취하든 말든 결과는 같네요.

힘으로 찍어 누르려는 상대에게 그냥 바스라지는 거.

바울이 로마서에서 하는 처방은... 지금 교회 현실과는 안 맞는 거 같아요.

오케이.
바울의 처방이 우리 상황과
안 맞는 포인트가 어딘지
알겠습니다.

짝

일단 얘기 중에 끊긴
두 번째 적용점부터
말해보자면...

바울에게 교회 내
갈등은 해결하면 좋고, 안 되면
어쩔 수 없는 그런 게 아니라

반드시 해결해야 할
것이었습니다.

두 번째 적용점은
이 마음가짐입니다.

예수님의 십자가가
화해를 위한 것이란 걸
우리가 한 번 봤듯이...

복음의 최종 목적은
온 세상과 하나님 사이의
궁극적 화해입니다.

그래서 바울은
모든 그리스도인에게
'화해의 직분'이 있다고
했죠.[1]

...우리를 자기와 화해하
하시고, 또 우리에게
화해의 직분을 맡겨
주셨습니다.

그런데
화해의 직분을
가진 사람들이

화 화해 ♥ 화해 화해

자신들
내부에서부터
화해를 못 하고
있다면

이거...
작은 문제가
아닌 거죠.

그러나! 우리의 상황은
한층 더 복잡합니다!

화해를 이루고 싶어도 평범한 성도들은 할 수 있는 게 거의 없습니다.

거의 모든 문제는 교회나 교단에서 가장 힘 있는 이들의 뜻대로 해결되죠.

하지만 로마서 14장과 15장의 바울의 갈등 처방에는...

이런 교회 내부 권력의 작용이 전혀 고려되지 않고 있습니다.

그래서... 이 문제는 로마서의 다른 장으로 넘어가서 살펴야겠습니다.

바울은 로마서 13장에서 권력에 대한 얘기를 꺼내거든요!

성도들이 로마 권력자들을 어떻게 대할지에 대해서요!

그럼 국가 권력 얘기지, 교회 권력 얘기는 아니잖아?

네, 그렇긴 하지만

분명한 위계 앞에서 성도가 가질 태도에 대해 생각해보게 하는 본문이죠.

초기 기독교 교부 오리게네스는 로마서 13장을 참 싫어했습니다.

오리게네스
Origen

오리게네스는 로마 권력자들에 의해 아버지도 잃고, 재산도 몰수당했으며[2]

신학적 문제로
알렉산드리아 교회에서
추방되기도 했거든요.[3]

하지만 바울은
로마서 13장에서
이렇게 얘기했죠.[4]

사람은 누구나
위에 있는 권세에
복종해야 합니다.

로마서 13:1

국가 권력과 교회 권력
모두에게 고초를 겪었던
오리게네스였으니...

권세자들은
하나님이 쓰시는 자들이며,
그들에게 복종하라는 바울의
말이 참 서러웠겠죠.[5]

로마서

그래서 결론이 뭐야? 국가 권력이든 교회 권력이든 우린 복종해야 된다?

사실 그게 맞지. 우리 하나님은 질서의 하나님이시니까.

담임 목사님이 김야고보 목사님을 내보내는 결정을 하셨다 해도

그게 옳으냐 그르냐를 우리가 판단해선 안 되는 거야.

그건 반은 맞고 반은 틀린 얘기네요.

로마서 13장을 잘 보면, 바울은 이걸 세금과 사법 문제로 좁혀서 다루고 있습니다.

그러네.
범죄 저지르지 말고,
세금 잘 내라는 얘기를
하고 있는데?[6]

하나님 나라의 일일지라도
정해진 질서를 무시하고 해선
안 된다는 거죠.

그러니까 정호 오빠의
그 말은 맞습니다.
질서의 하나님.

그게 세속 국가의
법과 질서든

대한민국 헌법

헌법

교회 전통이
세월 속에서 세워 온
교회법이든

교단 헌법

하나님께선 기본적으로
그 질서들을 존중하시고
사용하시는 분이죠.

하지만 우리가 국가나 교회 윗분들의 행동에 대해 판단하지 말아야 한다?

그건 아니죠.

진주야. 바울이 분명히 말하잖아? 하나님께서 그분들을 세우셨다고.[7]

그 말뜻은 그분들이 하는 모든 행동들이 하나님의 뜻이란 말이 아닙니다.

그가 얼마나 높은 존재든 간에, 하나님 아래에 있는 하나님의 종이란 겁니다.[8]

그래도 하나님께서 세우셨단 건 그 사람을 옳게 보신단 거 아냐?

전혀 그렇지
않습니다.

어째서?

오... 바울은 모세 때의
그 파라오도 '하나님께서
세우신 자'라고 하는데요?

이스라엘 백성들을
고통으로 몰아넣은
그 악한
파라오를요. [9]

그래서 성경이 **바로**를 두고 말씀하시기를
"내가 이 일을 하려고 너를 세웠다.
곧 너로 말미암아 내 능력을 나타내고, 내 이름을
온 땅에 전파하게 하려는 것이다"
하셨습니다.

로마서 9:17

역시 지혜와
총명이 가득한
도헌이!

그러니까
'하나님께서
세우셨다'는 건
사실 가치중립적
이죠.

이스라엘 백성을
탈출시킨 모세도
하나님이 세우셨고

이스라엘 백성을
억압한 파라오도
하나님이 세우셨습니다.

그러므로
그리스도인은!

하나님께서
세우신 사람이
선하게 사용되는지
악하게 사용되는지
판단할 줄
알아야죠!

그래서?
진주 너는
결론적으로
무슨 말이 하고
싶은 건데?

지금 우리 담임 목사님이 악하게 사용됐단 말을 하고 싶은 거야?

그러지 말란 법은 없지요?

와, 얘 되게 위험한 발언을 한다?

오우! 잠시만 잠시만!

진주야, 우리 질서 있게 가자? 질서의 하나님? 응?

아니, 제 말 어디가 틀린 거죠?

틀렸지? 바울은 로마 권세에 순종하라고 한 건데

그걸 출애굽 때 파라오랑 억지로 연결시킨 거 아냐?

바울이 로마 제국을 그렇게 부정적으로 봤단 근거가 없는데?

근데 바울 같은 유대인이 로마를 어떻게 여겼을지는 뻔하지 않나요?

일제강점기에 한국인이 일본을 부정적으로 봤냐, 안 봤냐 뭐 그런 질문이잖아요?

바울이 친일파 같은 거였을 수도 있지.

그런 게 더 위험한 발언입니다!

알았어.

보면, 바울이 쓰는 단어들부터 이미 로마에 도전적이에요.

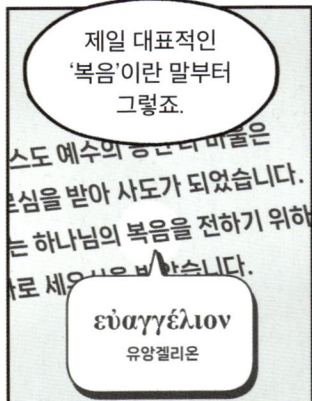

제일 대표적인 '복음'이란 말부터 그렇죠.

스도 예수의 ~~~ 바울은
~~심을 받아 사도가 되었습니다.
~~ 하나님의 복음을 전하기 위하
~~로 세~~~ 받~~~다.

εὐαγγέλιον

유앙겔리온

이 말은 로마에서 새 황제의 탄생과 즉위 때 사용되던 말이었어요.[10]

복음이다!

복음이다!

바울은 그 말을 예수님께 적용한 거죠.

복음이다!

로마서 12장에 나오는 '몸' 비유도 로마 제국이 쓰던 비유입니다.

로마 원로원은 평민들의 반란 계획을 무너뜨리기 위해[11]

모든 시민은 '머리'인 황제를 위해 통일된 '몸'이라고 했죠.[12]

아, 예수님의 몸된 교회 비유가 거기서 온 거야?

네네.

바울은 로마가 제국의 정치적 통일성을 위해 사용한 '몸' 비유를 가져와서[13]

예수님 안에서 하나 된 교회 공동체에 적용했어요.[14]

그리스도인에겐 황제가 머리가 아니라고 암시한 거죠.[15]

그래서 바울도 모세처럼 저항했어? 로마 제국에서 교회를 탈출시키려 했어? 아니잖아?

모세는 파라오에게 저항하는 방식으로 탈출하지 않았어요.

인내심 있게 파라오를 여러 번 찾아가서, 그의 허락을 구했죠.

결국 이스라엘 사람들은 합법적인 파라오의 명령으로 이집트에서 나왔고요.

하지만 파라오는 자신이 명령해놓고, 돌변해서 뒤쫓아가기 시작한 거죠.

화가 난다!!!

바울도 비슷한 태도입니다.

로마서가 쓰일 당시의
로마 시에선 세금 문제로
불만이 거세지고 있었어요.

세금 징수 관료들의
탐욕과 착취 때문에요.[16]

그건 당시 로마 시민들과
로마 교회 성도들이 같이
목도했던 '악'이었죠.

하지만 그런
'악'에 대한 바울의
권면은...

악을 악으로 갚지 말고
로마서 12:17

선으로 악을 이기십시오.
로마서 12:21

선으로 악을
이기라는
것이었습니다.[17]

그 구절 바로 다음 구절이 이겁니다!

선으로 악을 이기십시오.
로마서 12:21

사람은 누구나 위에 있는 권세에 복종해야 합니다.
로마서 13:1

이걸 이어서 읽으면!¹⁸

로마서 13장은 선으로 악을 이기라는 원칙에 대한 실제 적용인 거죠!

로마서 13장

아, 그래서 바울이 세금 내는 문제를 콕 집어 얘기한 거야?

그쵸. 세무 관료들의 착취 상황이 있었으니

자칫하면 세금 납부 거부 사태도 일어날 수 있었어요.

바울은 로마 교회 성도들이
법을 지키고, 세금을 잘 내도록
다독인 거죠.

뭐야 그럼?
결국 그런 상황에서도
강 복종하란 거잖아?

아니요,
바울은 한 가지
분명한
행동 방식을
제시합니다!

공공의
영역에서
'선'을 행하는
것이요.

공공의
영역?

네, 바울은 그걸 두 가지 형태로 표현하더라고요.

국가 권력이 인식 가능한 선.[19]

권세를 행사하는 사람을 두려워하지 않으려거든, 좋은 일을 하십시오.

로마서 13:3

그리고 모두에게 보편타당한 선.[20]

모든 사람이 선하다고 생각하는 일을 하려고 애쓰십시오.

로마서 12:17

즉, 그리스도인이 사회적 유익을 위해 행하는 선을 말하는 거죠.[21]

권세자들이 공공의 영역을 악으로 채우더라도

그리스도인은 그곳을 선으로 채워서 대응하라는 겁니다.

공공의 선이라... 교회에선 그런 말 처음 들어보네.

그럼... 김야고보 목사님의 국내 봉사 프로젝트가...

바울이 말한 그런 선에 해당하지 않을까요?

은주야, 그건 이미 끝난 얘기잖아.

알아요. 하지만...

암만 생각해도 김 목사님을 그런 식으로 내보내는 건 잘못된 거 같아요.

저희가 담임 목사님께 권면드려보는 건 어떨까요?

목사 대 교인이 아니라 같은 그리스도인 공동체 구성원으로서요.

도헌아, 아무리 그래도 담임 목사님인데, 같은 급은 아니지.

교회에서 뭔 급 타령입니까...

음. 바울이 잘 써놨네요. 권면, 고발 다 가능하다고.

공동체 내의 연장자에게도 얼마든지 권면할 수 있고.[22]

교회 권위자의 잘못에 대한 고발은 두 사람 이상의 증인을 통해 할 수 있다고.[23]

그래도 담임 목사님을 바로 찾아가서 얘기하는 건 좀 그렇고...

나 이따
점심에
담임 목사님
사모님이랑
식사하거든.

내가 사모님께
이 부분을
말씀드려볼게.

뚜-

뚜-

뚜-

여보세요?

뭐야.
예배 시간인데
전화 받네?

부우우웅-

달각

267

설거지는
제가 치운다니까...

저...

아무 데나
앉으면...
될까요?

여친이야?

예?
저 아무 말도
안 했는데?

니 눈깔에서
하트가 쏟아지고
있어, 자식아.

와...
맛있겠다.

많이 먹어.

근데 나랑 이러고 있어도 되는 거야?

아 괜찮아.

너 밥 먹는 거 정도는 같이 있어줄 수 있어.

또각

...치선아?

주

1 대한성서공회, 『성경전서 새번역』(2001), 고린도후서 5:18.

2 John Anthony McGuckin, "The Westminster Handbook to Origen"(2004), 3, 13.

3 John Anthony McGuckin, 13-14.

4 대한성서공회, 『성경전서 새번역』(2001).

5 Richard N. Longenecker, 『NIGTC 로마서(하권)』(새물결플러스 역간, 2020), 1546-1547.

6 로마서 13:3-7.

7 로마서 13:1, 4.

8 Stefan Schreiber, 『신약성경 개론』(분도출판사 역간, 2013), 457.

9 대한성서공회, 『성경전서 새번역』(2001), 로마서 9:17.

10 Martin Ebner, 『신약성경 개론』(분도출판사 역간, 2013), 177-178.

11 Sylvia C. Keesmaat, Brian J. Walsh, 『로마서를 무장해제 하다』(새물결플러스 역간, 2023), 481.

12 같은 글; Stefan Schreiber, 『신약성경 개론』(분도출판사 역간, 2013), 456.

13 같은 글.

14 같은 글.

15 같은 글.

16 Richard N. Longenecker, 1531.

17 대한성서공회, 『성경전서 새번역』(2001).

18 대한성서공회, 『성경전서 새번역』(2001)..

19 대한성서공회, 『성경전서 새번역』(2001).

20 대한성서공회, 『성경전서 새번역』(2001).

21 Scot McKnight, 『거꾸로 읽는 로마서』(비아토르 역간, 2022), 107-108.

22 디모데전서 5:1.

23 디모데전서 5:19.

목사 가족

여자 친구니?

응.

...왜?

예배도 빠지고 여자 친구랑 같이 있어?

이번 주만 땜빵 땜에 어쩔 수 없었어. 지유는 그냥 밥 먹으러 온 거고.

어찌됐든 교인들은 모르게 사귀어. 알았니?

아니 왜?

벌써 소원이랑
주 권사님은 봤잖아!
주일에 예배도
안 드리고
너희 둘이 같이
있는 꼴을!

사귀려면 제대로
교인들 앞에서 본이 되게
사귀든가!

...

...

나 때문에
혼나고 있는 건가...

엄마는...
그런 게 좋아?

뭐?

교인들 눈치 보고,
이미지 만들어내고,
계속 그렇게...

아니.

근데 이게
우리 삶이야,
치선아.

싫은 것도
해야 되는 게
목사 가족의 삶이야.

엄만
그렇게 힘들어
해놓고...

어째서...

치선이랑 사귄단 게
어떤 건지 각오는 했지만...

막상 사모님을 보고...
혼나는 치선이를 보니...

알 수 없는
죄책감이 밀려왔다.

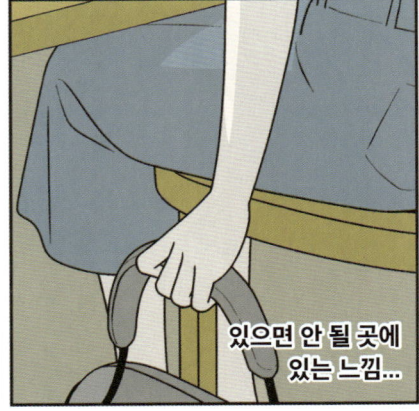

있으면 안 될 곳에
있는 느낌...

...하지만 왜?
왜 내가 죄책감을 느껴야 돼?

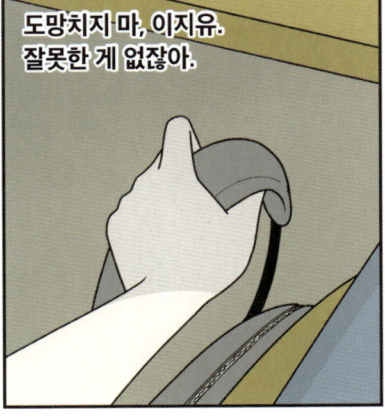

도망치지 마, 이지유.
잘못한 게 없잖아.

276

하나님 앞에서
질문하기로 했잖아.

이모 저
너무 아파서
가야겠어요.
사장님한테 말 좀
해주세요.

탁 탁 탁

아, 왜 너까지
아파??

맨날 이모들만
아파서 내가 땜빵 몇 번을
했어! 나도 좀 아플게!

근데 이지유
어디 갔...

나 여기.

나가자.

나 밥 다
안 먹었는데.

277

최치선 너도 도망치지 마.

아 사모님, 제가 지유 이 테이블로 오라고 했어요. 혼자 먹고 있어서...

지유 자매는 부모님은 교회 다니시나?

아, 어머니만 다니세요.

뭔 호구조사를 하고 그래, 엄마는?

아, 물어볼 수도 있지! 치선이 여자 친구라잖아.

누가 알아? 저 친구가 나중에 사모님이 될지?

엄마 뭔 소릴 하는 거야??

모르니? 치선이 어릴 때 전 교인 앞에서 목사 서원 기도 받았잖아.

그리고 그게 우리 사모님 매일의 기도 제목인데.

치선이 너 목사님 될 거지? 그치?

억지로
목사 시킬
생각 없어.

그냥
기본적인 것
만이라도.

예배 제대로
참석하고,
아빠가 하는 일
좀 잘 따라주고.
그리고...

이번
선교 여행 같은
중요한 행사...
꼭 같이 가고.

아니.
난 김야고보
목사님의
국내 봉사
참여할 거야.

치선아,
그거...
취소됐어.

아빠가?
아빠가 취소
시킨 거야?

내가
담임 목사님께
먼저
얘기했다.

1년에 한 번
청년부가 다같이
선교하면서
하나 되는 시간을
그런 식으로
분열시키면
안 되지.

그게 어떻게 하나 되는 시간이야?

경제적 사정으로 못 가는 애들은 다 배제시키는 게 하나 되는 거야?

그거 다 핑계지.

하나님 나라 일에 돈이 문제야? 마음이 있으면 돈이야 어떻게든 마련하지.

돈 없어서 못 간다는 애들 누군데? 엄마한테 얘기해.

두어 명 비행기값 정도는 내가 헌금할게.

282

말이 칼처럼
느껴질 때가 있다.

그 후로 무슨 대화가
오갔는지 기억이 안 난다.

당장이라도 자리를 뜨고
싶었지만 앉아 있었다.
도망치지 않기로 했으니까.

하지만...

도망치지 않는다고 해서...
버틴다고 해서...

달라질 게 있을까?

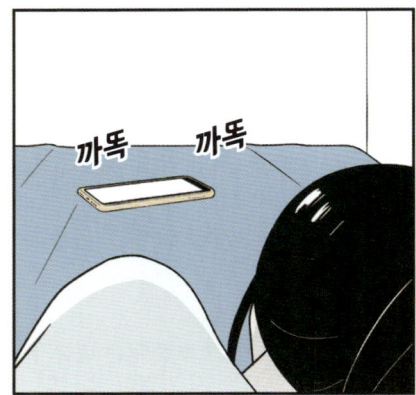

까똑   까똑

최치선

일 끝나고 집에 옴

잠깐 내려올 수 있어?

괜찮아?

응.

너는?

나?
나야 뭐...

...화내지 말고
들어봐.

만약에
내가 없었다면...

만~약에
니가 사귀는
사람이
소원 언니
였다면...

야!

아니 만약에.
만약에 말야.

그랬다면...
오늘 같은 일은
없었겠지?

285

글쎄.
니가
없었다면...

내가
교회로
돌아오질
않았겠지?

아빠가 김야고보 목사님
자르려 한단 거 들었어.
진짜... 엉망진창이야.

이참에 우리도
나가버릴까?
교회만 아니면
우리 둘 사이도
문제 없을 테고.

ㅎㅎ...
이지유는
그럴 사람이
아니지.

조금만
더...
질문해보고
싶어.

하지만
넌 진짜 괜찮아?
난 니가
나 때문에...

오케이~
그럼 나도 질문하러
가야겠다.

넌 뭘...?

아빠한테
예전부터 꼭
물어보고 싶은 게
있었거든.

예배는 은혜 받는 시간일까?

다시 일주일이
지났다.

너무
일찍 왔나...?

아이구
빨리도 오셨네~

아!

준비해야 되니까
주문은 한 30분 뒤에 돼요,
알았죠?

삑

삑

삑

아 네.

근데
저...

...?

이 카페 이름
무슨 뜻이에요?

처음 올 때부터 좀
궁금했었거든요.

ㅎㅎ
이거 궁금해한
사람은 학생이
두 번째네.

이런 거예요.
하인들이 양반들
앞에선 착하게
굴다가, 뒤에서
자기들끼리 하는
대화들.

보통은
알려질 일 없는,
공개되지 않는
목소리들.

만화의 생각 풍선 같은 거.

누구였지... 아 제임스 스콧이란 분이 자기 책에서 쓴 말이에요.[1]

아...

근데 스터디 카페인데 왜 그런 이름으로...?

내 맘이지 그거야?

ㅎㅎ 원래는 다른 이름이었는데 작년에 바꾼 거예요.

여기 오는 10대들, 고시생들, 취준생들... 다 각자의 투덜거림이 있는 인생들이더라고.

여기서 참 많~은 생각 풍선들이 쌓여가겠다 싶어서.

조금...
슬픈 이름이네요?

은닉대본

STUDY
CAFE

결국 세상엔
들려지지
않을 소리들
이잖아요.

그래서
은닉대본들은
모여야 돼요!

혼자 투덜대고 있으면
결국 자책으로 이어질
뿐이거든.

이상하지 않아요?
수많은 사람들이 힘들어 하고
투덜대고 있는데...

서로 비슷한 문제로
힘들어 하면서도, 문제를 함께
풀려고 하지 않아요.

노력하면 나는
다를 거라고 생각하고
다들 고립을 택해요.

그냥 그렇더라고.
전 가게 준비하러
이만.

은닉대본
STUDY
CAFE

은닉대본
STUDY
CAFE

은닉대본들이
모일 수 있을까?

말 못할 그 생각 풍선들을
소중하게 품어주는 곳이...
교회라면 어떨까...?

아니 이 두 팀 계속 같이 모일 거야?ㅋㅋ

우리 청년 주석 경쟁 중이야, 알지?

김야고보 목사님 문제가 아직 해결이 안 됐으니까요.

소원 언니, 지난 주에 사모님께 말씀드려 보셨어요?

아 그게...

사모님 본인부터 김야고보 목사님 행보에 불만이 많으셨더라고...

내가 무슨 말을 할 수가 없더라.

왠지 그럴 거 같더니만...

우리 팀은 이제
로마서 12장 볼 차례라서
어제 읽는데... 1절부터
은혜가 있었어.

너희 몸을
하나님이
기뻐하시는
산 제물로 드리라.
이는 너희가 드릴
영적 예배니라.[2]

그냥... 다시 한번
생각이 났어. 선교 여행이
왜 그렇게 소중했는지.

이름 모를 외국인들 앞에서
열방 앞에서 온 몸으로 하나님을
예배했던 그 순간이...

그런 영적 예배가
얼마나 감격이었는지가
생각났어.

우리가
김야고보 목사님 문제에
있어서 할 수 있는 게
사실 없잖아.

그냥 이 상황을
하나님께 맡기고,
우리가 드릴 영적 예배에
집중하는 게 어떨까?

저 질문이요.

바울이 쓴
'영적 예배'라는 게
정말 그런
뜻인가요?

아니요.

하...
그렇게 하나하나
신학적으로
따져야 돼?

바울이
생각하지도
않은 의미를
우리 멋대로
생각해버릴 수
있으니까요.

일단 '영적 예배'라는 이 한글 번역부터 좀 다시 봐야 합니다.

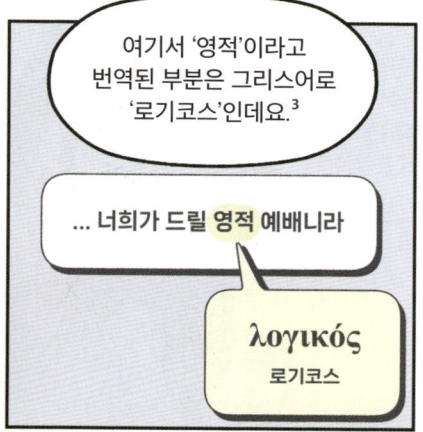

여기서 '영적'이라고 번역된 부분은 그리스어로 '로기코스'인데요.[3]

... 너희가 드릴 **영적** 예배니라

λογικός
로기코스

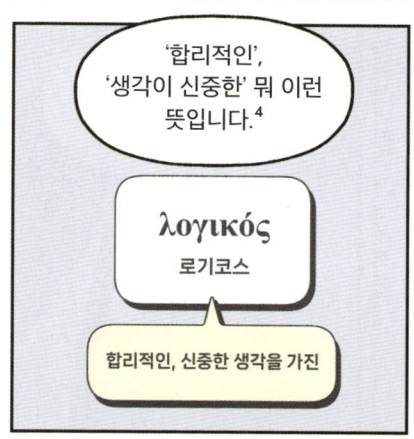

'합리적인', '생각이 신중한' 뭐 이런 뜻입니다.[4]

λογικός
로기코스

합리적인, 신중한 생각을 가진

당시 그리스 철학자들이 즐겨 사용했던 말이어서 의미가 명확한 단어고요.[5]

그럼 '합리적인 예배' ...인 거야?

음...

ㅋㅋㅋ 예배를 합리적으로 드리려면 뭐 어떻게 해야 되냐?

진주야, 바울이 예배에 대해 쓴 다른 부분은 없어?

네, 그걸 좀 살펴봐야겠네요.

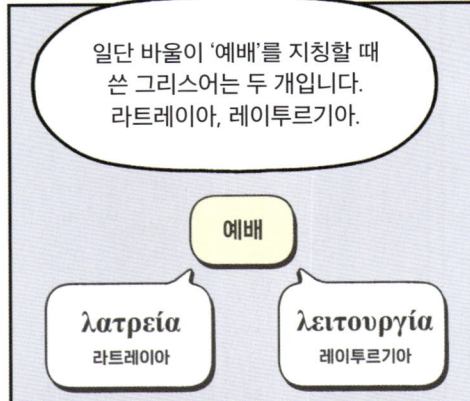

일단 바울이 '예배'를 지칭할 때 쓴 그리스어는 두 개입니다. 라트레이아, 레이투르기아.

예배

λατρεία
라트레이아

λειτουργία
레이투르기아

근데 두 단어가 딱히 의미 차이가 크진 않은 거 같아요. 왜냐면...

히브리서에는 구약의 '제사의식'을 지칭할 때 이 두 단어가 혼용돼 있거든요.

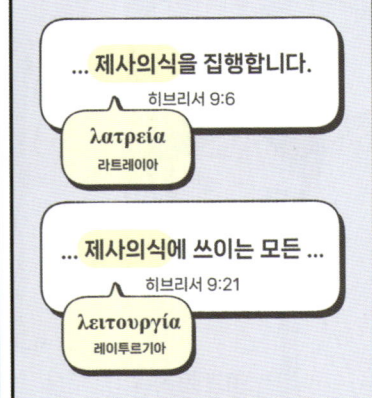

... 제사의식을 집행합니다.

히브리서 9:6

λατρεία
라트레이아

... 제사의식에 쓰이는 모든 ...

히브리서 9:21

λειτουργία
레이투르기아

아... 기본적으로는 구약의 제사의식을 뜻한 단어들이구나?

네, 네.

그런데 바울은 같은 단어를 '봉사 행위'에도 썼더라고요?

바울은 에바브로디도의 헌신적인 봉사를 말하며 '레이투르기아'를 썼고[6]

λειτουργία
레이투르기아

... 봉사를 채우려고 자기 목숨을 아끼지 않은 사람...

빌립보서 2:30

성도들의 경제적 어려움을 돕는 일을 지칭할 때도 '레이투르기아'를 썼어요.[7]

λειτουργία
레이투르기아

... 이 봉사의 일은 성도들의 궁핍을 채워...

고린도후서 9:12

즉, 구약에선 제사장이 하나님을 섬기는 제의 행위가 '예배'였지만

예배

신약에선 성도들이 서로를 돕고 헌신하는 행위 역시 '예배'라는 거죠!

예배

아니 섬김은 섬김이고 예배는 예배지, 그걸 묶어버리는 게 맞아?

예, 바울은 그걸 확실히 묶습니다.

끄덕

끄덕

서로의 경제적 어려움을 돕고 섬기는 행위가 '하나님이 기쁘게 받으시는 제물'이며

'하나님께 영광'이 된다고 하면서요.[8]

있잖아...

내가 배운 예배는... 내가 하나님께 감히 뭘 드리거나 섬기는 게 아니라

그저 하나님께서
부어주시는 은혜를
선물로 받는 시간이야.
그게 예배 아냐?

저도 예배에 대한
그런 얘기를 많이
들어봤던 거 같은데...

생각해보면,
하나님께서
전적으로
주시는 은혜는
'십자가를 통한 구원'
아닌가요?

예배는
그 하나님의 선물에 대한
우리의 '반응'이구요.

구원

반응

예배를 통해 결과적으로
은혜를 받긴 하겠지만, 그것 자체가
예배의 목적은 아닌 거 같단
생각이 드네요.

네, 보니까
데이비드 피터슨이라는
신약학자도 바울 서신을
분석하면서...

신약성경에는 '상호섬김을 통해 하나님을 예배한다' 라는 개념이 담겨있다고 결론 짓는데요.[9]

왜 우리에겐 이런 생각이 낯설까요?

왜 우리에겐 '예배는 은혜 받는 시간이다'라는 신약성경엔 나오지도 않는 개념이 더 익숙할까요?

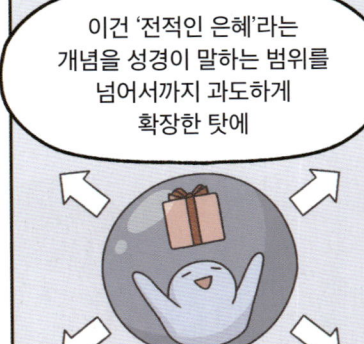

이건 '전적인 은혜'라는 개념을 성경이 말하는 범위를 넘어서까지 과도하게 확장한 탓에

바울이 쓴 예배 개념, 그러니까 구원에 대한 반응으로서의 '섬김' 개념을 덮어버린 탓 아닐까요?

그러면 로마서 12장의 그 합리적인...예배도 그런 섬김의 의미인 거야?

네, 그럼 이 맥락 위에서 로마서 12장을 다시 읽어보죠.

새번역으로 12장 1절을 보면 이렇네요.

"여러분의 몸을 하나님께서 기뻐하실 거룩한 산 제물로 드리십시오."

"이것이 여러분이 드릴 합당한 예배입니다."¹⁰

그런 예배가 뭔지를 12장 전체에 걸쳐서 쓰고 있는 거 같아요.

305

12장 전반부엔 교회 안에서 각자의 역할에 대해서.[11]

위로

예언

가르침

자선

인도

후반부에선 공동체 안에서 서로를 어떻게 사랑하고 섬길지[12]

그리고 사회 속에서 모든 사람들을 어떻게 사랑하고 섬길지를 썼네요.[13]

이 모든 게 예배라는 거네요?

음... 근데 그게 예배면...

지금 우리가 드리는 일요일 예배는 뭐지? 그거에 대해선 바울이 말한 게 없나?

바울도 일요일에 성도들과 모였다고 나오긴 하네.

사도행전에 보면 바울은 선교 여행 중에 들렀던 드로아에서

드로아

아테네

'주간의 첫 날', 그러니까 일요일에 모였다고 하거든.[14]

주간의 첫 날에, 우리는 빵을 떼려고 모였다. ...

사도행전 20:7

왜냐면 이 날이 예수님이 부활하신 날이었으니까.[15]

그쵸, 이게 일요일 예배의 기원이죠.

원래 유대인들은 안식일인 토요일에 모였지만, 초기 기독교인들은 그다음 날인 일요일에 모였습니다.

수	목	금	토	일	월	화	수

307

다만, 당시 로마에서 일요일은 휴일이 아니었기 때문에

주로 저녁에 가정집에 모여서 성만찬을 하며 예수님을 기념했던 거 같고요.[16]

어떤 사람들은 먼저 와서 식사하면서 포도주를 과음해서...

모임이 시작하기도 전에 취해버린 일도 있었다고 하는데요. 이런 걸 보면...[17]

우리가 생각하는 엄격한 '주일 예배'라기보다는 비교적 자유로운 형태의 모임이었던 거 같습니다.

그래서? 우리도 주일 예배를 그런 식으로 바꿔야 된단 거야?

아뇨, 예배의 형식 자체를 바울 당시에 맞출 필요는 없지요.

교파마다 조금씩 다른 현대의 예배들은 그 형식이 정착된 이유와 역사가 다 있습니다.

다만, 바울은 매우 중요하게 여긴 예배의 요소를 우리는 누락하고 있다면...

그건 꼭 재고해봐야겠지요?

바울은 유대인이었기 때문에, 예배에 대해 기본적으로는 제의적인 개념을 갖고 있었습니다.

309

하지만 예수님으로 인해 이제 성전 제사가 무의미해졌으므로

예수님을 믿는 우리가 드릴 제물은 '우리의 몸'이라는 거죠.[18]

그래서 로마서 12장은 그리스도인이 몸으로서 행할 일들을 나열해갑니다.

거짓 없이 사랑하기.[19]

서로의 경제적 어려움을 돕기.[20]

기뻐하는 자들과 함께 기뻐하기.[21]

우는 자들과
함께 울기.[22]

악을 악으로
갚지 말기.[23]

모든 사람이
선하다고
여기는 일을
힘써 행하기.[24]

바울이 생각하기에
이 모든 것은...

하나님께서
기쁘게 받으시는
'합당한 예배'
입니다.

좋은
그리스도인

최서진

벌컥

왜, 무슨
할 얘기 있니?

좋은
그리스도인

이거
언제 쓰신
책이에요?

313

좋은 그리스도인이란 무엇인가? 주일성수 잘 하고 헌금 잘 내면 좋은 그리스도인인가?

바울은 분명한 기준을 던진다. 좋은 그리스도인이란...

복음에 합당하게 생활하는 사람이다.

여기서 '생활하라'는 단어는 그리스어로는 시민의 공적 의무를 뜻하던 말이었다.[25]

오직 너희는 그리스도의 복음에 합당하게 생활하라

폴리튜오마이

'생활하라'는 단어는 그리스어로는 시민의 ___를 뜻하던 말이었다. 그래서 이 구절은

그래서 이 구절은 이렇게 번역되기도 한다.

'여러분의 시민으로서의 삶을 복음에 합당한 방식이 되도록 정돈하십시오.'[26]

좋은 그리스도인

교회 바깥에서의 그리스도인의 역할에 대해 이렇게 강조를 하셔 놓고...

왜 지금은 교회 외부는 쳐다도 안 보려고 하세요?

김야고보 목사님의 프로젝트. 아빠 책 내용에 딱 들어맞지 않나요?

왜 취소 시키셨어요?

이 책 속의 아빠랑 지금의 아빠는... 왜 이렇게 다른 거예요?

치선아,
교회는 말이다.
마음을 하나로
모으지 않으면
그걸로 끝이다.

너는
이 교회가
커보이겠지만,
사실 무지
약해.

우리 교회
만이 아니라,
지금 교회들은
교회 바깥을
신경 쓸
여력이 없어.

안에서
마음을 하나로
모으는 것만 해도
벅차다고.

에이레네 프로젝트?
훌륭한 일이지.
진심으로.

하지만
지금은 작은
분열도 막아야
할 때야.

난
그 시절과
달라진 게
아니라...

도인이 되자!"
...그리스도인이

그저
교회를
지키려는
거야.

교회를 지키기
위해서 라면...
김야고보 목사님
같은 분도
쫓아낼 수 있고.

바울서신의
요구도
외면할 수 있단
거네요?

지유라고
했나?

듣기로는
집안 형편이
좀 어렵다고
하던데.

이렇게 하자.

치선이 네가 앞으로 교회를 지키는 일에 아빠랑 함께 한다면...

아빠는 네 여자 친구를 도와주마.

뭔소리예요, 그게?

그 친구 이번에 청년 주석 대회도 참여하고 있다며?

대상 상금이 그 친구 한 학기 등록금쯤 되지?

318

주

1 James C. Scott, 『지배, 그리고 저항의 예술: 은닉 대본』(후마니타스 역간, 2020).

2 대한성서공회, 『성경전서 개역개정판』(2005), 로마서 12:1.

3 대한성서공회, 『성경전서 개역개정판』(2005), 로마서 12:1.

4 Frederick W. Danker, 『신약성서 그리스어 사전』(새물결플러스 역간, 2017), 346; Richard N. Longenecker, 『NIGTC 로마서(하권)』(새물결플러스 역간, 2020), 1486.

5 Richard N. Longenecker, 같은 글.

6 대한성서공회, 『성경전서 새번역』(2001).

7 대한성서공회, 『성경전서 새번역』(2001).

8 빌립보서 4:18; 고린도후서 9:13.

9 David G. Peterson, 『IVP 성경신학사전』(IVP 역간, 2004)의 '예배' 항목, 920.

10 대한성서공회, 『성경전서 새번역』(2001).

11 로마서 12:3-8.

12 로마서 12:9-13.

13 로마서 12:14-21.

14 대한성서공회, 『성경전서 새번역』(2001).

15 요한복음 20:1.

16 고린도전서 11:21; 사도행전 20:7.

17 고린도전서 11:21-22.

18 로마서 12:1.

19 로마서 12:9.

20 로마서 12:13.

21 로마서 12:15.

22 로마서 12:15.

23 로마서 12:17.

24 로마서 12:17.

25 Frederick W. Danker, 『신약성서 그리스어 사전』(새물결플러스 역간, 2017), 460.

26 최경환, 『공공신학의 눈으로 본 성경』(지우, 2023), 168의 Stephen Fowl의 번역에서 참조.

바울이 말한 성령의 역할

그게 어떻게... 예배가 될 수 있지?

바울이 까라면 까야지~ 그게 합당한 예배라는데 뭘 어쩌겠냐.

뭘 까라면 까야? 우린 신앙인이야. 이해가 되고 믿어져야 행동도 하지.

도덕적으로 선한 일을 하는 건 안 믿는 사람들도 다 하는 거 아냐?

예배는 내가 죄인 됨을 인식하는...

내가 얼마나 예수님이 필요한 존재인지를 느끼는 시간이어야 해.

예수님의 십자가 구원이 얼마나 큰 은혜인지를 느끼는 시간이어야 한다고.

예배를 통해 그런 감격을 느껴야 만이

그 감격과 감사함을 원동력으로 선행도 할 수 있는 거야.

그쵸, 사실 이게 저희가 늘 배워 온 신앙의 정석 이잖아요.

왜냐하면 십자가에 대한 감격과 감사가 빠진 선행은

그냥 '자기 의'가 될 뿐이거든.

저도 딱 그렇게 배워왔어요.

구원에 대한 감격으로 예수님 따르는 삶을 살게 된다.

근데... 솔직히 그것 땜에 좀 좌절했었 거든요.

고등학생 때 교회 수련회에서 그런 구원의 감격을 경험해 봤었어요.

그런데 그런 감격을 예배 때마다 느껴야 된다고 해서...

찬양할 때, 기도할 때, 그 감격을 다시금 느끼려고 애를 썼어요.

십자가의 감격을 느끼기 위해서 내 죄를 떠올렸어요.

내가
그 주에
잘못했던 것들
떠올리고...

나 스스로가
미웠던 순간들
다시
떠올리고...

그러면
십자가에 대한
감동이 다시
올라왔어요.

내가 이렇게
답이 없는
죄인인데...
날 위해
예수님께서...

근데 계속
그게 반복되니까...
감격도 조금씩
무뎌지고...

쿵

쿵

쿵

무뎌지면
나 자신의 죄를
더 파헤치고
들쑤셔서...

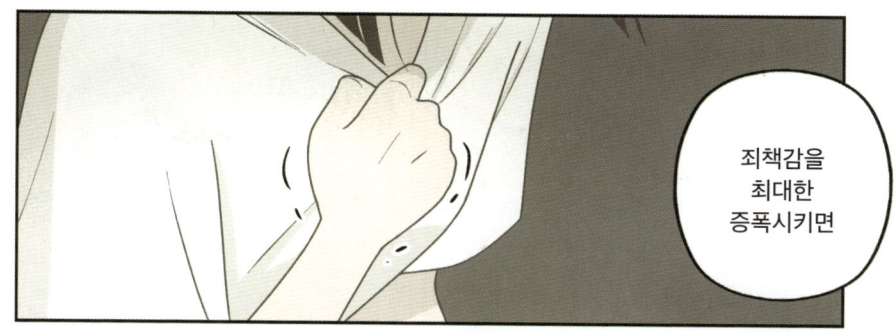

죄책감을
최대한
증폭시키면

그나마...
십자가의 감동이
다시
느껴지더라고요.

근데 그게
어느 순간부턴
좀 힘들었어요.

십자가의 감격을
느끼기 위해서
나 스스로를
더 죄인으로
몰아붙이고 혐오해야
한다는 게...

이거
나한테만
힘든 건가...?

다들 매주
그렇게

십자가의
감격을
느끼고 있는
건가...?

그래서...
그 감격을
원동력으로
예수님을 따라야
한다는 말이...

저한텐 좀
좌절스러웠어요.

근데 솔직히
매주 예배 때마다
구원의 감격을
느끼는 분이
있어요?

지유 누나가
입 밖으로
꺼냈다
뿐이지ㅎㅎ

다들 비슷하지 않나요?

예배란 내가 죄인 됨을 인식하는 시간이어야 한다...

소원 언니의 그 말이 걸리네요.

성경에서 '죄'라는 건 본질적으로는 하나님과 단절된 상태를 뜻하고...

'죄인'은 그 상태의 인간입니다. 하나님과 단절된 상태의 인간.

신자가 '하나님과의 단절 상태'를 계속 묵상한다는 게 무슨 의미일까요?

예수님을 통해 하나님과의 화해 속으로 이미 들어온 신자가...

하나님과 단절 상태일 수 있다는 두려움으로

자기 죄를 파헤치며 생기는 자기 혐오로

그런 걸 원동력 삼아서 구원의 감동을 증폭시키는 게...

신약성경이 말하는 바가 맞을까요?

그게 건강한 신앙일까요?

무엇이 우리의 진정한 원동력이어야 할지... 로마서에서 다시 살펴봅시다.

사실 죄를
파헤치는 건
유대인들이 더
잘하던 거죠?

율법을
도구
삼아서요.

바울은 기본적으로는
율법을 선하고 거룩한
것으로 여겼고[1]

무엇이 죄인지
깨닫게 하는 것으로
여겼지만[2]

바울이 보기에
율법은 결과적으로
우리를...

죽음으로
인도
합니다.[3]

나를 생명으로
인도해야 할
그 계명이 도리어
나를 죽음으로
인도한다...

로마서 7:10

331

율법이 우리를
죽음으로 인도한다고?
왜?

일단 이 부분에
주목해보면...

나를 생명으로
인도해야 할
그 계명이...

율법은 인간을
생명으로 인도할
도구였는데

어느샌가
율법 그 자체가 목적이
돼버렸습니다.

죄를 죄로
드러나게 하려고,
죄가 그 선한 것을
방편으로 하여
나에게 죽음을
일으켰습니다.

로마서 7:13

죄를 죄로
드러내는 것
자체가
목적이
돼버렸습니다.[4]

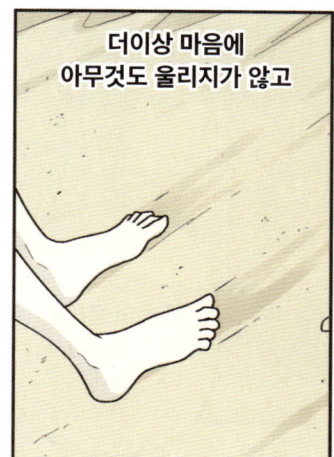

저도 그렇게 허우적대고 있는 거 같아요.

"나는 속사람으로는 하나님의 법을 즐거워하나..."[6]

"죄의 법에 나를 포로로 만드는 것을 봅니다."[7]

"나는... 비참한 사람입니다."[8]

"누가 이 죽음의 몸에서 나를 건져 주겠습니까?"[9]

바울이 로마서 7장 후반부에 쓴 이 상태처럼요.

그럼 걍 인간이 다 그런 거네. 바울도 그렇게 허우적댈 정도면.

음... 그 부분은 바울이 본인의 현재 상태를 쓴 건 아닌 거 같습니다.

여기서 율법과 죄 사이에서 허우적 대고 있는 비참한 '나'는

이어질 8장에서 바울이 강조할 무언가가 빠진 상태의 인간입니다.

이 '나'를 그리스도인이 되기 이전의 바울의 상태로 보는 학자들도 있고[10]

에덴동산의 인간으로 보는 학자들도 있네요.

바울이 '죄'가 인간을 '속였다'고 한 표현이 뱀의 속임을 상기시키고[11]

'속였다'

선악과를 떠올리게 하는 '탐심'을 율법의 대표적 예로 든 걸 근거로요.[12]

'탐심'

바울은 이러한 '나'와 대비되는 '그리스도인'의 상태를 분명하게 표현했습니다.

"지금은, 우리는 옭아맸던 것에 대하여 죽어서, 율법에서 풀려났습니다."[13]

"그래서 우리는 문자에 얽매인 낡은 정신으로 하나님을 섬기지 않고"[14]

"성령이 주시는 새 정신으로 하나님을 섬깁니다."[15]

성령

성령이 주시는 새 정신?

바울이 묘사한 '비참한 나'에서 빠져있는 것이 바로 성령이죠.

그럼... 성령이 우리의 원동력이다...?

성령을... 뭐 어떻게 우리의 원동력 삼을 수 있지?

성령 집회 가야지 뭐.

주여!!!

아니 그...

337

'성령' 하면 너무 신비주의적으로만 이해되는 경향이 있는 거 같은데

바울이 성령의 역할에 대해 뭐라고 했는지부터 살펴봅시다.

일단 바울은 성령에 대해 쓸 때, 구약의 에스겔서를 떠올렸던 것 같습니다.[16]

에스겔 당시의 이스라엘은 바빌로니아에 의해 멸망한, '마른 뼈'와 같은 상태이자[17]

마음도 '돌처럼 굳어진' 상태였습니다.[18]

바울은 그때 하나님이 에스겔에게 하신 약속을 떠올립니다.

지금은 모든 게 망한 거 같고, 어그러진 거 같지만

때가 되면 새로운 마음, 새로운 영을 주실 것이라고.[19]

화륵

돌같이 굳은 마음을 없애고

살갗처럼 말랑말랑~한 마음을 주실 것이라고.[20]

바울은 약속된 그때가 마침내 도래했다고 여겼어요.

에스겔서의 '새로운 마음과 새로운 영'을 '성령이 주시는 새 정신'으로 표현하면서요.[21]

새로운...
마음...

마음이 새로웠던 게
언제였는지 기억도 안 나.
난 성령이 안 계신가?

지유 누나는
기도할 때
어떻게
시작해요?

기도할 때?
뭐 그냥...
주님...

이런 구절이
있네요.

"성령을 힘입지
않고서는 아무도
'예수는 주님이시다'
하고 말할 수
없습니다."[22]

새삼스럽긴 하지만
우리가 예수님을 주님으로
생각하고 있는 거 자체가
놀라운 일인 거 같아요.

성령이 우리 안에 안 계시면 우리가 예수님을 주님... 하고 부를 수도 없다는 거니까.

하지만... 딱 거기까지잖아.

주님.. 주님.. 하면서도 마음속은 왜 그리 허무한 건지...

저도 그럴 때가 있어서 뭔지 알 거 같지만,

바울 얘기를 조금만 더 따라가봅시다.

확실한 건 예수님을 주님으로 고백하는 이들 안에는 성령이 계시단 거고!

그건 놀라운 일이 맞아요!

광야를 떠돌던 이스라엘 사람들의 성막에 임했던 그 하나님의 임재가

341

성전의 가장 거룩한 곳에 임했던 그 하나님의 임재가

이젠 모든 그리스도인들 안에 임했다고 바울이 말하기 때문이죠.[23]

여러분은 하나님의 성전이며, 하나님의 성령이 여러분 안에 거하신다는 것을 알지 못합니까?

고린도전서 3:16

그래서 우리는 하나님과 정말 가까워졌고, 하나님을 '아버지'라고 부를 수 있습니다.

바울은 성령이 우리 안에 계시기 때문에, 우리가 하나님을 '아빠, 아버지'라고 부를 수 있게 됐다고 하거든요.

아빠!

하나님 아버지~ 할 수 있는 것도 성령 덕분이야?

네네.

바울은 여기서 '입양' 개념을 사용하는데요.[24]

... 자녀로 삼으시는 영을 받았습니다.

υἱοθεσία
휘오데시아
'입양'

유대인들은 입양을 하지 않기 때문에, 바울은 로마 사회에서의 입양 개념을 가져온 거 같구요.

로마에서 입양은 주로 집안에 상속자가 없을 때 이뤄졌다고 해요.[25]

!!!

유산

즉 입양된 자녀에게 가장 중요한 건, 그가 법적 상속자가 됐다는 사실이었습니다.

유산

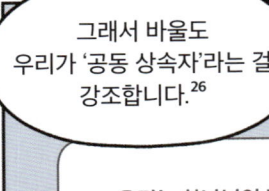

그래서 바울도 우리가 '공동 상속자'라는 걸 강조합니다.[26]

... 우리는 하나님이 정하신 상속자요, 그리스도와 더불어 공동 상속자입니다.

로마서 8:17

하나님의 아들이신 예수님과 같은 유산을 상속받는 자들이 됐다는 거죠.

뭘 상속받는데?

돈으로~도 못 가요~♬

하나님 나라~♬

바로 그겁니다.

힘으로~도 못 가요~♬

모든 그리스도인들이
새로운 부활의 몸으로
살아갈 그 나라.

비록 그 나라가 아직
도래하지 않았고, 우리도
부활의 몸이 아니지만...

바울은 우리에게
부활한 것처럼 살아가라고
합니다.[27]

여러분은
죽은 사람들 가운데서 살아난 사람답게
... 여러분의 지체를 의의 연장으로
하나님께 바치십시오.

로마서 6:13

이게 어쩌면
성령이 주시는 새 정신의
핵심 아닐까 싶네요.

이미 부활하여
그 나라에
살고 있는
것처럼 사는

그런
새 마음.

345

부활한
것처럼 살아가라?
흠...

어차피 때가 되면
하나님이 다 이루실 텐데?
굳이?

...

주기도문으로
예수님도 가르치셨죠?

하나님의 나라가,
하늘에서 이루어진 뜻이,
이 땅에서 이루어지도록
기도하라고.[28]

게다가 바울도
로마서뿐 아니라
다른 서신들에서 반복해서
강조합니다.

우리는 하나님의
형상을 따라 '새로운 사람'이
돼야 한다고.[29]

346

'그리스도의 형상'이
우리 안에 이뤄져야
한다고.[30]

먼~훗날
일어날 일을 말한 게
아니었어요.

그렇게 변화되게
하시는 분이
성령이란 거지?

그쵸!

근데 성령을 그럼...
어떻게 느껴?
좀 추상적인데...

아, 지유가
성령 집회를 안 가봤구나.
가 봐. 확실하게 느껴.

성령 집회를
가든 안 가든 성령은 우리
안에 계시고요.

잠시
율법 얘기로
되돌아가 보면

바울은 율법으로
죄를 드러내는 것에만
집중하면

결국 율법은
우리를 죽음으로 인도하는
도구가 될 뿐이라고 했었죠?

사실 인간의
심리 특성도
그렇잖아요?

하지 말아야 할 것을
정해두는 건 생각보다
별 도움이 안 됩니다.

아, 그건
맞지.

진주가 다이어트에
실패했던 이유..

욱!

뻑

그거, 인간의 뇌가
뭔가를 부정하는 능력이
없기 때문이라고
하더라고요.

코끼리는 생각하지 말라고 하면 코끼리 생각에 갇힌단 말이죠.

코끼리 사라져...

코끼리 꺼져...

코끼리는 생각하지 말자...

코끼리 떠나갈지어다...

그래서 '하지 말아야 할 것' 보다는 '해야 할 것'에 집중하는 게 훨씬 낫다고 들었어요.

그치. 바로 저겁니다. 해야 할 것.

성령은 우리가 예수님 안에서 '해야 할 것'들을 하게 하시는 분입니다.

해야 할 것을 하게 하신다...

더 중요한 건 성령이 개인만이 아니라 공동체 안에 임하신단 겁니다!

바울은 '우리가' 성령을 따라 살 때 율법의 요구가 이뤄진다고 했고.[31]

...성령을 따라 사는 우리가, 율법이 요구하는 바를 이루게 하시려는 것입니다.

로마서 8:4

에스겔이 받은 약속도 '너희 안에' 하나님의 영을 두시겠다는 거였죠.[32]

너희 속에 내 영을 두어, 너희가 나의 모든 율례대로 행동하게 하겠다....

에스겔 36:27

그러니까 성령은 교회 공동체 모두의 마음을 새롭게 하시는 분이고

그렇게 '공동체의 마음'이 새롭게 된 모습이 로마서 12장에 그려진 겁니다.

로마서

12 형제자매 여러분, 그러므로 나는 하나님의 자비하심을 힘입어 여러분에게 권합니다. 여러분의 몸을 하나님께서 기뻐하실 거룩한 산 제물로 드리십시오. 이것이 여러분이 드릴 합당한 예배입니다.

2 여러분은 이 시대의 풍조를 본받지 말고, 마음을 새롭게 함으로 변화를 받아서, 하나님의 선하시고 기뻐하시고 완전하신 뜻이 무엇인지를 분별하도록 ... 받은 은혜를 힘입어서, ...람에게 말합니다. 여러 ...야 하는 것 ...

350

우리가 이미 살펴봤던
그 '합당한 예배'요.

합당한 예배...

거짓 없이 사랑하고,
서로의 경제적 어려움을 돕고.

기뻐하는 자들과 함께 기뻐하고,
우는 자들과 함께 울고.

보편타당한 선한 일을
힘써 행하는 것.

그 예배는 개개인이 삶에서
알아야 할 일이 아니라

성령께서 인도하시는
공동체의 일이었다.

하나님.
여전히 잘 모르겠지만

가장 작은 단위의 공동체인
치선이와 저부터
그렇게 인도해주세요.

제 마음을...
우리의 마음을...
새롭게 해주세요.

우웅-

우웅-

여~보세요~

과외 들어가기
직전이겠네.

응응.

너 어딨었어?
오늘 교회에선 또
안 보이던데.

아, 나 아빠랑
얘기 좀 했지.

그래?
무슨 얘기
했는데?

아빠가
이상한 얘기 하길래
내가 한 방 먹였지.

오, 뭐지?

과외 끝나면 전화해.
난 동네에 있을 거야.

응,
알았어~

대상 상금이
그 친구 한 학기
등록금쯤
되지?

담임목사 최 서 *

아빠가
네 여자 친구
도와줄게.

이젠 하다 하다
아들한테 돈으로...

이 책 속의
아빠는 완전
허구의 인물이
돼버렸네요.

안녕히 계세요.

355

터벅

터벅

터벅

이지유!
아, 나 배고파 죽..

어...

터벅

356

주

1 로마서 7:12.

2 로마서 7:7.

3 대한성서공회, 『성경전서 새번역』(2001).

4 대한성서공회, 『성경전서 새번역』(2001).

5 Douglas Harink, 『칭의 대신 정의의 시선으로 로마서 읽기』(새물결플러스 역간, 2024), 194.

6 로마서 7:22.

7 로마서 7:23.

8 로마서 7:24.

9 로마서 7:24.

10 John Reumann, Victor P. Furnish, 『IVP 성경비평주석 로마서』(IVP 역간, 2021), 로마서 7장.

11 John Reumann, Victor P. Furnish, 같은 글; 로마서 7:11; 창세기 3:13.

12 John Reumann, Victor P. Furnish, 같은 글; 로마서 7:7-8.

13 대한성서공회, 『성경전서 새번역』(2001), 로마서 7:6.

14 로마서 7:6.

15 로마서 7:6.

16 M. Turner, 『IVP 성경신학사전』(IVP 역간, 2004), 759.

17 에스겔 37:1-11.

18 에스겔 36:26.

19 에스겔 36:26.

20 로마서 7:6.

21 대한성서공회, 『성경전서 새번역』(2001), 고린도전서 12:3.

22 대한성서공회, 『성경전서 새번역』(2001).

23 로마서 8:15.

24 Richard N. Longenecker, 『NIGTC 로마서(하권)』(새물결플러스 역간, 2020), 1163.

25 대한성서공회, 『성경전서 새번역』(2001).

26 대한성서공회, 『성경전서 새번역』(2001).

27 마태복음 6:10.

28 에베소서 4:23-24.

29 갈라디아서 4:19; 고린도후서 3:16-18.

30 대한성서공회, 『성경전서 새번역』(2001).

31 대한성서공회, 『성경전서 새번역』(2001).

종교개혁가들이 읽어낸 로마서 13장

뭐야, 이지유?
뭔 일 있었어?

나 과외
짤렸어.

갑자기??

ㅎㅎ..
이런 일
많아.

근데 요즘은
과외 학생
구하기가 좀
어려워져서...

그냥...

하나님이
너무
미워...

나 과외 들어가기 직전까지 기도하면서 들어갔는데...

흑흑..

진짜 오랜만에 진심을 다해 했던 기도였는데... 어떻게 이렇게..

흑흑...

아빠가 네 여자 친구 도와줄게.

길이... 있을 거야. 하나님이 예비하신 길이...

...그럴까?

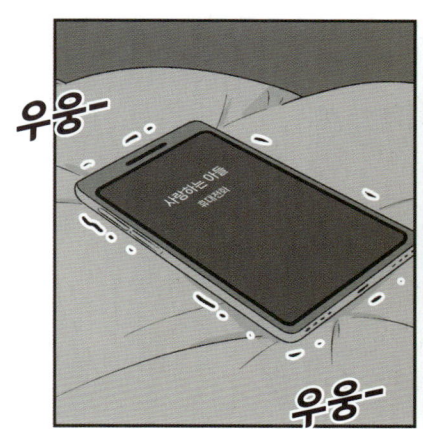

우웅-

우웅-

왜?
무슨 일이니?

아빠
말대로
할게요.

...뭐?

교회에선
건방지게
말해서
죄송해요.

아빠가
하자는 대로
다...
할게요.

치선이에요?

내 말대로 하겠다네.

근데 이런다고 둘 사이가 갈라져?

그 친구가 스스로 치선이 곁을 떠날 거예요.

소득분위 상담창구

예상은 했지만...
새 과외 학생 구하는 건
어려웠다.

주말 학생을 잃어서
수입이 반토막
나버린 탓에

월세를 내고 나면
생활비가 모자라게 되어

학자금 대출 받은 곳에서
추가로 생활비 대출을 받을
수밖에 없었다.

일단은... 살고 봐야 하니까.

길이...
있을 거야.
하나님이
예비하신 길이...

치선이는 왜 그런 말을 했을까?

그런 식으로 신앙적인 장담을
하는 애가 아닌데...

아~
일주일이 왜 이렇게
빨리 가냐?

늦어서.

근데
소원 언니랑
정호 오빠는
안 보이네요?

그게... 계속
김야고보 목사님 놓고
얘기하는 게 불편하다고
하더라고요.

하긴 그 얘기를 언제까지 할 거야? 뭐가 됐든 결론 내야지.

일단 지금까지 우리가 탐구한 내용을 생각해보면...

김야고보 목사님은 '에이레네 프로젝트'를 단순 봉사활동으로 생각하신 게 아닌 거 같아.

교회가 공공의 선을 위해 함께 행동하는 것도 '합당한 예배'고

성령이 인도하시는 일이니까.

에이레네
프로젝트가
다시 추진될
방법이 있다면...
난 참여하고
싶어.

근데 담임 목사님이
취소시킨 건데...
그걸 뒤집을 방법이
있나?

김야고보 목사님도
곧 쫓겨나게 되신
마당에.

...

교회가...
담임 목사님
1인 뜻대로만
그렇게 굴러가는
곳이 맞나요?

저도 그 부분이
궁금해서
교회법이랑 역사를
좀 찾아봤어요.

역시 도헌이!

종교개혁으로 탄생한 개신교 교파 중에 목사에게 권한을 몰아주는 곳은...

없어요. 적어도 교회법 상으로는.

존재하지 않습니다

오?

엥?

저희 교회가 속한 장로교만 해도 '대의정치' 구조예요.[1]

장로교에서 '장로'는 교인들을 대의하는 직분이더라고요.[2]

장로

장로

민주 국가에서 투표로 선출된 국회의원들이 민의를 대의하듯이

장로도 교인들의
투표로 선출하고

'당회'로 불리는
교회 내 의회에서 교인들을
대의하는 거죠.

쯧쯧쯧...
인간적이야. 인본주의의
냄새가 나.

...

아니, 교회가
하나님의 뜻을 따라야지,
뭔 교인들의 뜻을 대의해?

그거 누가 만든
시스템이야?
인본주의자들?

종교
개혁가들이요.

칼뱅, 존 녹스 같은
우리 개신교 신앙의 기틀을
닦은 분들이 만든 거예요.

큽...

교회가 당연히
하나님의 뜻을 따라야죠.
예수님만이 교회의 주권자가
되셔야 하고.

바로 그 이유 때문에
칼뱅은 한 개인이 교회의
주도권을 갖는 건
위험하다고 봤고[3]

교인들이 자체적으로
교회를 이끌다가 무질서해지는
것도 옳지 않다고 봤어요.[4]

그렇다면
목사와 교인들 사이의
균형과 상호 보완이 가능한
구조가 필요하다![5]

그래서 칼뱅은
일정한 자격을 갖추고,
교인들에 의해 선출된 이들로
의회를 구성해서

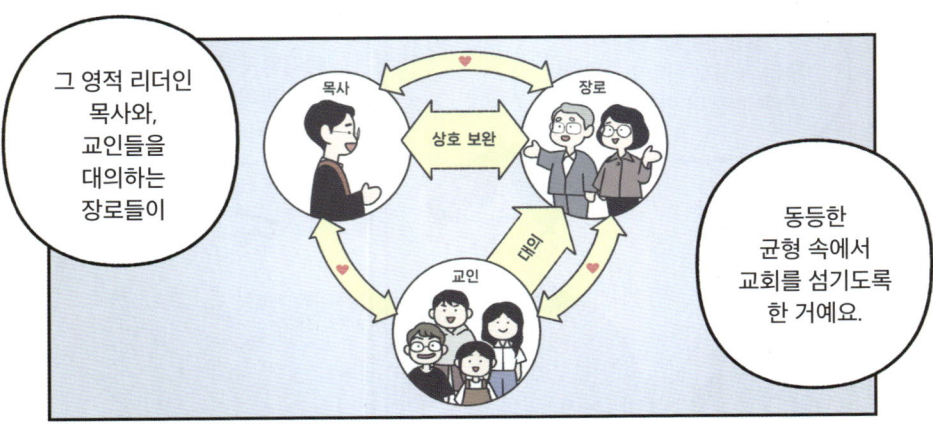

그 영적 리더인 목사와, 교인들을 대의하는 장로들이

상호 보완

대의

목사
장로
교인

동등한 균형 속에서 교회를 섬기도록 한 거예요.

근데 그게 어떤 성경적인 근거를 가지고 만든 거야?

그럼요. 성경 곳곳에 근거를 두고 있어요.

일단 이런 발상의 출발이 로마서 13장 이더라고요.

로마서 13장

1 사람은 누구나 위에 있는 권세에 복종해야 합니다. 모든 권세는 하나님께로부터 온 것이며, 이미 있는 권세들도 하나님께서 세워주신 것입니다.

2 그라... ...는 사람은 하나... ...이요, 거역하는 ...일 것입니다.

위에 있는 권세들에게 복종하라? 그거 우리가 살펴봤던 본문이잖아?

그치. 근데 종교개혁가들은 로마서 13장에서 우리가 못 봤던 측면을 보여주더라고.

일단 종교개혁가들에게 로마서 13장은 되게 실질적인 문제였어요.

바울은 '위에 있는 권세에 복종하라'고 했는데

당시 그들 위에 있던 권세는 교황이었으니까요.

종교개혁 자체가 하나님이 세우신 권세에 대한 반역으로 비칠 수 있었죠.

그래서 루터파도 칼뱅파도 기본적으로는 무저항의 원칙을 고수하고 있었는데...[6]

상황이 점점 종교개혁 진영에 안 좋게 흘러갔죠.

신성 로마 제국은 루터파와 손잡은 도시들을 절멸시키려 공격해왔고

루터의 절친이었던 암스도르프도 이때 위기를 맞아요.[7]

그가 있던 마그데부르크 시에 제국의 금령이 떨어지고 군대가 에워쌌거든요.[8]

사실상 그 도시의 모든 주민은 죽음을 앞둔 상황이었어요.

그때 암스도르프는 '고백'이라는 문건을 작성하는데...[9]

여기서 로마서 13장에 대한 새로운 접근을 보여줘요.

'위에 있는 권세'라는 게 어떤 한 개인이나 하나의 등급일까?[10]

권세...?

하나님께서는 나라별로 딱 한 사람씩만 권세로 세우시는가?[11]

당연히 아니다. 국가를 위해 임무를 맡은 모든 행정관들은 다 하나님께서 세우셨다.[12]

그러니까 모든 권세는 지위고하를 막론하고 다 권세라는 거죠.

그렇다면 상위 행정관이 불법을 저지를 경우에, 하위 행정관은 어떻게 해야 할까요?

하위 행정관은 자신 역시 하나님이 세운 권세라는 책임감을 가지고, 상위 행정관의 불법을 바로잡아야 하는 거죠.

"상위의 행정관이 신민을 박해한다면 언제나,
자연법에 의하여, 신성법에 의하여...
하위 행정관은 신의 위임에 따라
그에게 저항해야 한다."[13]

니콜라우스 폰 암스도르프

루터파의
이 문건은
종교개혁 진영에
많은 영향을
끼쳤고

결국 칼뱅도
비슷한 얘기를
설교로 남기게
돼요.

만일 최고 행정관이
실패한다면?

하위 행정관들은
군주가 직무 안에 머물도록
억제하거나 심지어 강제할 수
있어야 한다.[14]

376

와우...

아니,
종교개혁가들
민주주의자야?
ㅋㅋ

하위 행정관들이
군주를 강제할 수 있다?
그 당시에 진짜 그런
생각을 했다고?

근데
종교개혁가들이라면
그런 생각을 할 법
하네요.

종교개혁가들의
핵심 주장 중 하나가
인간의 '전적 타락'
이잖아요?

하나님은
선한 일을 위해 권세들을
세우셨는데[15]

인간 권세들은
다 타락적 경향을 갖고
있단 말이죠.

그런 타락적 경향을 가진
인간 권세가 '단 한 사람'이라는 것
만큼 위험한 일이 또 있을까요?

그래서 종교개혁가들은
권세의 잠재적 타락을 전제로
로마서 13장을 해석하면서

'한 권세는 선한 일을 위하여
다른 권세를 견제할 수 있어야 한다'
...라는 명제를 끌어낸 거 같네요.

근데 이거
입헌주의의 토대가 되는
개념 아닌가?

어... 모르지,
나는.

실제로 종교개혁이
근대 입헌주의 형성에 영향을
끼쳤다고 보는 학자들도
있더라고요.[16]

종교개혁   입헌주의

아무튼 중요한 건
장로교 대의정치 구조가 이런
배경에서 나왔단 거예요.

견제받지 않는 인간 권세는 교회 안에서도 위험하니까

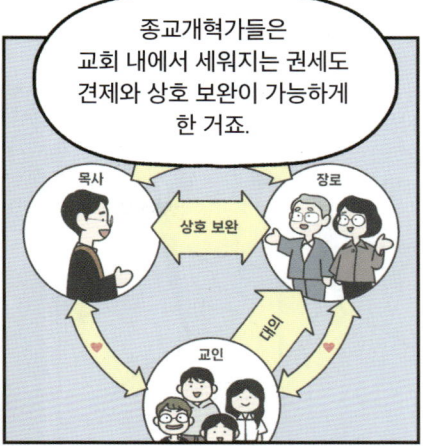

종교개혁가들은 교회 내에서 세워지는 권세도 견제와 상호 보완이 가능하게 한 거죠.

목사

상호 보완

장로

대의

교인

이것에 대한 성경적 근거들을 좀 더 얘기해보자면...

아니, 잠깐만. 난 좀 궁금한 게...

장로님들이 교회에서 나한테 의견 물어보신 적 단 한 번도 없거든?

솔직히 대의하는 구조 맞아? 교인들은 당회에서 뭔 얘기가 오가는지도 모르잖아?

그렇긴 하네.

근데... 반대로 생각해보면 우리도 할 수 있는 게 있었네요.

김야고보 목사님 문제도 결국 당회에서 결정이 나는 거니까

우리가 교인으로서 장로님들께 의견을 전할 수 있는 거잖아요?

우리 얘기를 들어주실까 모르겠네...

음... 그냥 찾아가서 얘기 하기보다는

김야고보 목사님 해임에 반대하는 의견서를 같이 작성해보면 어때요?

근데... 교회에서 이런 일을 시도하는 게 어색하게 느껴지긴 해.

교인들이 의견을 낸다거나 투표한다거나 하는 게 종교개혁에서 나왔다지만

아무래도 신앙적인 행위로 느껴지진 않으니까.

우리가 신앙의 수직적 측면에만 익숙해서 그런 거 같아요.

하나님과 우리는 수직적이지만 그리스도인들 사이는 수평적이어야 하는데

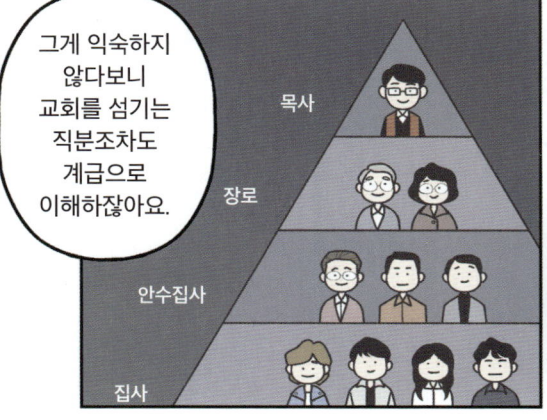

그게 익숙하지 않다보니 교회를 섬기는 직분조차도 계급으로 이해하잖아요.

목사

장로

안수집사

집사

그치. 그중에서도 가장~ 아래 계급은...

청년들이니라!

아!!

어디든지 불러다 쓸 수 있노라!!

아아!!

이스라엘 초기에 하나님께서 인간 왕을 세우는 걸 반대하셨던 이유도...

수직적 관계는 오직 하나님께만 적용되길 원하셨기 때문이거든요.[17]

하나님

그래서 모세가 이스라엘을 이끌 때도 하나님께서는 모세 혼자 모든 걸 다스리게 하지 않고

장로 70명을 세워서 모세와 동일하게 하나님의 영이 그들에게 임하게 하셨죠.[18]

그래서 유대인들이 회당을 중심으로 모이기 시작했을 때도

기원전 587년 예루살렘 성전 파괴

지역 회당에서 모이기 시작

회당마다 투표로 장로들을 선출해서 장로회를 구성했다고 하더라고요.[19]

그 전통에 따라서 초기 기독교도 투표로 장로들을 선출한 거 같아요.

사도행전에서 장로들을 세우는 장면을 보면...[20]

...각 교회에서 장로들을 임명한 뒤에...

사도행전 14:23

여기서 '임명했다'로 번역된 그리스어 원 뜻이 '투표하려고 손을 들다'더라고요.[21]

...각 교회에서 장로들을 **임명한** 뒤에...

χειροτονέω
케이로토네오
'투표하려고 손을 뻗치다'

일곱 집사 역시 모든 회중이 함께 선출했고요.[22]

이런 근거에 따라서 칼뱅은 직분자를 세울 때 교인들의 동의를 받는 것이 성경적이라고 봤어요.[23]

그러니까 저희가 의견을 내는 게 무슨 높은 사람한테 대드는 게 아닌 거예요.

동등한 그리스도인의 관계 속에서, 역할을 맡은 이들에게 의견을 전달하는 거죠.

수직적 관계는 오직 하나님께만 적용하는 거니까?

그쵸.

종교개혁 전통이고.. 교회법에도 명시된 교인의 권리이고.. 성경적 근거도 갖고 있는데...

왜 이렇게 마음 잡기가 어렵지? 진짜 이 부분은 그동안 크게 잘못 배운 건가?

그럴지도...

하자. 해보자.

저도...
좀 두렵긴 하지만
같이 할게요.

그래, 해보자.
까짓 것.

나도 김 목사님
그렇게 나가시는 꼴은
못 보겠다.

끄덕

끄덕

끄덕

끄덕

이거 참...
아름다운
주일 아침
풍경입니다.
가봅시다,
우리.

들썩

가보자고!!

드륵

가즈으아!!!

들썩

갈 길을 밝히
보이시니

의견서 작성을 위해
우리는 역할을 분담했고

주 앞에 빨리
나갑시다.

좀 더 구체적인 얘기를
의견서에 담기 위해서

우리를 찾는
구주 예수.

그냥... 계속 걸어가보고 있다.

하나님이 날
도와주시는지도
모르겠고
무엇 하나 확신이
드는 게 없지만.

해야 할 일을 하게 하시는 게
성령이라 그랬으니

뭍에 처박힌 채 오래도록 항해를 못한 배에서 열심히 수리를 하는 선원인 양

다시 물이 들어오기를, 선장이 돌아오기를 기다리며.

...지유 자매?

아!

사모님...!

괜찮으면... 나랑 점심 같이 할 수 있을까?

아... 네....

주

1 장삼식, 『초기 한국 장로교회와 민주주의』(한국학술정보, 2020), 32.

2 같은 글.

3 장삼식, 77-78; John Calvin, 『기독교강요(하)』(크리스챤다이제스트 역간, 2015), 4권 4장.

4 같은 글.

5 같은 글.

6 Quentin Skinner, 『근대 정치사상의 토대 2: 종교개혁의 시대』(한국문화사 역간, 2012), 404.

7 Nicolaus von Amsdorf(1483-1565)

8 Quentin Skinner, 같은 글; 금령(Imperial ban): 신성 로마 제국에서 금령을 받은 사람은 법적으로 죽은 사람으로 간주되어, 아무런 제재 없이 강탈, 상해, 또는 살해를 당할 수 있었다.

9 같은 글.

10 Quentin Skinner, 405-406.

11 같은 글.

12 같은 글.

13 Nicolaus von Amsdorf, "The Confession and Apology of the Pastors and Other Ministers of the Church at Magdeburg"(Magdeburg, 1550); Quentin Skinner, 405에서 재인용.

14 John Calvin, "Homilies on the First Book of Samuel in Opera Omnia, ed. Baum et al., vol. 29, pp. 552; Quentin Skinner, 416-417에서 재인용.

15 로마서 13:4.

16 이국운, "프로테스탄티즘과 입헌주의" 신앙과 학문 11, no.2 (2006), 135-168.

17 사무엘상 8:6-7.

18 민수기 11:16-17.

19 장삼식, 69.

20 대한성서공회, 『성경전서 새번역』(2001).

21 F. W. Danker, 『신약성서 그리스어 사전』(새물결플러스 역간, 2017), 594.

22 사도행전 6:2-6.

23 John Calvin, 『기독교강요(하)』(크리스챤다이제스트 역간, 2015), 4권, 3장, 15.

하나님이 우리 안에서
일하시는 방법

뭐지... 뭐지...
왜 나만
데려온 거지??

교회...
답답하죠?

아..
아뇨.

소원 자매 통해서
들었어요.

지금 청년 주석
모임에서 무슨 얘기들이
오가는지.

나도 좋은 교회를 오래도록 꿈꿨어요.

근데...

돌이켜보면 그게 날 더 힘들게 만들었어요.

내가 교회 안에서 뭔가를 소망하면...

그 소망이 분란을 만들고... 논쟁을 만들고...

우리 담임 목사님... 내 남편... 되게 개혁적인 사람이었던 거 알아요?

담임 목사 1인 권력을 누구보다 싫어했던 사람이에요.

우리 장로교의 출발인 스코틀랜드 개혁교회에서는 매주 성경토론회를 열어서

교인들이 그 주의 설교를 성경 본문과 함께 검토하고 토론하는 시간을 가졌거든요.[1]

남편도 그 선례를 따라 우리 교회에서도 그런 토론 시간을 시도했던 적이 있어요.

자기 설교를 교인들의 토론에 올려놓겠다는, 나름의 결단이었죠.

근데 반응이... 전혀 예상 밖이었어요. 일부 교인들은 환영했지만...

그거 사모님 아이디업니까?

목사님 권위가 뭐가 됩니까 지금?

대다수의 교인들은... 많이 싫어하셨죠.

괜히 토론회를 거론했다가 교회 안에서 분란만 생길 조짐이 보였죠.

남편은 그때 토론회 계획을 접으면서 생각이 많이 바뀌었어요. 나도 그랬고.

그것 뿐만 아니에요. 접어야 했던 소망들이 참... 많아요.

근데 접으니까... 순복하니까...

교인들 앞에서 회개하고 나니까...

교회 분위기가 화목해지더라고요.

큰 교회를 맡은 뒤로 오래도록 힘들어 했던 남편도 그제야...

얼굴에 그늘이 사라졌죠.

소망이 아니고... 우리 욕심이었어.

너무 꿈꾸지 말자. 다만 내가 서 있어야 할 자리에 잘 서 있자.

그 이외에 다른 생각은 하지 말자.

그냥... 그 얘기를 해주고 싶었어요.

교회 안에서 가장 중요한 건 화목이고, 그걸 깨는 일이라면 안 하는 게 좋다는 거.

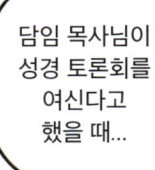

담임 목사님이 성경 토론회를 여신다고 했을 때...

일부 교인들은 환영했다고 하셨잖아요.

저도 환영했을 거 같아요. 지금 생각나는 청년부 몇몇 형제 자매들도.

저 모태신앙으로 교회를 계속 다녀왔지만, 청년 주석 모임을 하면서 처음 알게 된 것들 너무 많아요.

396

장로교 초기에는 설교 내용으로 토론을 했다는 것도 사모님 통해서 방금 처음 들었고...

바울이 꿈꿨던 것들... 종교개혁가들이 꿈꿨던 것들...

왜... 우리는 꿈꾸면 안 되는 거예요?

배우고 깨달은 것들 그냥 다 접어두는 게... 예수님이 원하시는 교회의 모습인가요?

모르겠어요. 저도!

하지만 이걸로 예수님이 나한테 뭐라 하시진 않을 거예요.

내가 지금껏 살아온 삶 전부가 당신의 교회를 위한 일이었단 걸, 주님이 누구보다 잘 아실 테니까.

난 그냥... 최선을 다 하고 있는 거예요.

그러니까...

지유 자매도 이 교회 안에서 치선이와 좋은 사이가 되고 싶으면 최선을 다해요.

치선이는 이미 담임 목사님께 완전히 순복하기로 했으니까.

치선이가요...?

..
비텐베르크는
셋째 날에 가는
게 낫겠지.

음, 그죠.

거기선 충분히
투어를...

어!
지유야!

...뭐 하고
있었구나.

어, 그...

사모님이 독일 선교 여행
세부 일정을 짜라고
나랑 치선이한테 시키셔서
서칭 중이었어.

아...
그렇군요.

누나, 저 잠깐
나갔다 올게요.

드륵

갔다와~

선교 여행
가기로
했나 보네?

안 그래도
얘기하려고
했는데...

400

이번에
그냥
독일에 같이
가자.

나 못 가는 거
알잖아. 그럴 돈
없어.

돈 걱정은
하지 말고.
넌 몸만
가면 돼.

너도...
돈 없지
않나?

부모님이 니 것도
내 것도 다 보태주시기로
했나 보네?

...그래 맞아.

가서 너랑... 좋은 추억을 만들 기회일 수도 있겠다고 생각했어.

그래 그러면... 좋겠지.

그래서 나도 처음엔 내심 독일 가고 싶었어. 갈 수 있는 조건 되는 사람들 부러웠고.

근데 교회 돈 받아서 가는 주제에...

독일에서 너랑 꽁냥대고 있으면 참...

교회 분들에게 나란 인간 좋게 보이겠다. 그치?

너도 내가 돈 주면 가겠거니... 생각한 거야?

아니, 이지유 그런 게 아니라!

김야고보 목사님 걱정할 땐 언제고, 이렇게 덜컥 독일 가겠다고...

이대로 가면 김 목사님은 교회에서 쫓겨나셔. 난 독일 안 가.

의미를 찾고 싶어서 계속 교회 오고 있어.

그리고... 너도 그런 줄 알았어.

403

나도 의미를
찾고 싶어.
하지만
일단은 널...

모르겠어,
난.

탁
탁
탁

탁
탁
탁

누나?

아,
도헌아.

아 맞다...
오늘 김 목사님
인터뷰 하기로
했었지.

괜찮아요?
오늘 꼭
안 해도
돼요.

후우...
그래도 될까?
미안.

...오늘은
이만
교회 밖으로
나가는 거
어때요?

그럼
청년부
예배는...?

너도 보면
은근 날라리
신자야.

ㅎㅎ
날라리든 뭐든
신자인 게
다행이죠.

하나님
믿기 어려운
세상이잖아요.

아...
그렇다면..

퍽
퍽
퍽
퍽

아~
살겠다.

자, 이제 머리
팽팽 잘 돌아가. 바울이
뭐라 그랬다고?

바울은 하나님이
우리 안에 계신대요.

아...
그게 다야?

놀랍지
않나요?

놀라운 건가?
그냥... 항상
들어온 얘기 같은데?
하나님이 우리
안에서 선한 일을
행하신다...

난 내 안에
계신다는 그분이
잘 안 느껴져서
물어본 거야.

내
인생이라는
배에서...

거센 파도
속에서 방향을
잡아줄
존재가 없는
느낌이라고.

그런 존재는...
내 안에
있는 게 아니라
바깥에 있는
거잖아요?

어...
그런가?

저도 그런 하나님이
당연히 더 끌려요. 어쩌면
인류의 보편적인 신앙 관념
같기도 하고요.

힘과 능력 있는
강력한 존재가
나를, 우리 공동체를
이끌고 지켜
주는 거.

그게 안
느껴지면
신이 날 버린 것
같다고, 혹은
신은 없는 것
같다고 여기게
되는 거고.

근데
기독교의
성경이 말하는
하나님은 좀
다른 거
같아요.

어떻게
다른데?

인간으로 오셨잖아요.

하나님과 동등하신 분이 자기를 비워서 종의 모습의 인간으로 오셨고[2]

그분이 자기를 낮춰서 인간의 처형틀에서 죽으셨다고...

바울은 빌립보서에서 썼어요.[3]

그리고 예수님은 자신을 본 것이 곧 아버지 하나님을 본 것이라고 말씀하셨죠.[4]

그러니까 예수님을 통해 우리는 하나님의 본질을 볼 수 있는 거예요.[5]

인류의 전통적인 신들은 인간을 넘어선 힘과 능력으로 승리하고 문제를 해결하는 모습이지만

하나님이 자신의 가장 중요한 일을 이루신 방식은... 연약한 인간 그 자체로 오시는 거였어요.

...왜일까? 하나님은 왜 낮아지고 연약해지는 방식을 택하신 걸까?

강력한 통치로 인간이 하나님을 따르게 만들 방법은 많았을 텐데?

예수님이 기적을 일으키셨을 때 군중들이 예수님을 바로 왕으로 모시려고 했었잖아?[6]

왕 해주세요! 왕! 왕 해줘!!

그쵸. 예수님은 당황해서 도망가셨었고.

411

하나님이 힘과 능력으로
문제를 해결하는 모습만을
숭배하는 사람들은

그런 방식이
결국 인간을 더
망가뜨릴 것을
아셨기 때문
아닐까요?

결국
힘과 능력
그 자체를
숭배하게 될
테니까.

물론 하나님은
힘과 능력으로 뭐든 하실 수 있는
전능하신 분이지만

우리 바깥에서
뭐든 척척 이뤄가는 길을
택하지 않으시고

우리 안에서
선한 일을 꾸려가기로
하셨어요.

그래서 예수님이
이렇게 말씀
하셨잖아요.

하나님 나라는
눈에 볼 수 있게
임하는 것이
아니라, 연약한
우리 안에
임한다고.[7]

그러니까
어쩌면
하나님은...

우리를 강하게
만드시는 것엔
관심이 없으실지도
몰라요.

어째서...?

하나님께서 내 안에 오시면... 나의 약한 부분들을 강하게 해주셔야 하는 거 아냐?

약할 때 강함 되시네~ 찬양도 있잖아?

그것도 바울이 썼던 구절이죠. '내가 약할 그때에 강함이라'[8]

근데 이게 바울이 자신에게 있는 '육체의 가시' 얘기를 하면서 나온 말이에요.[9]

육체의 가시? 그게 뭔데?

말 그대로
바울의 신체적 질병을
뜻하는 거 같긴 한데

병

바울을 핍박하고 공격했던
실제 사람들을 지칭한다고
보는 학자들도 있어요.[10]

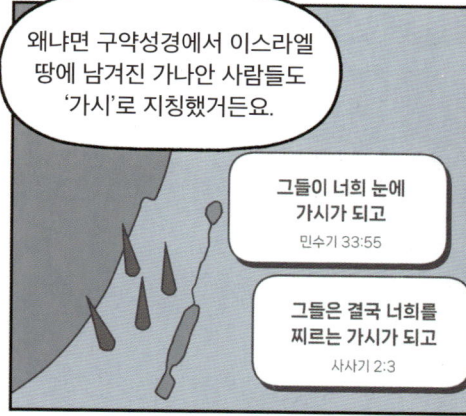

왜냐면 구약성경에서 이스라엘
땅에 남겨진 가나안 사람들도
'가시'로 지칭했거든요.

그들이 너희 눈에
가시가 되고
민수기 33:55

그들은 결국 너희를
찌르는 가시가 되고
사사기 2:3

그들이 이스라엘 백성을
우상숭배로 미혹하고
괴롭혔다는 점에서

뭐 어느 쪽으로 해석하든
바울을 '약하게 만든 것'임은
분명하고

바울은 이 육체의 가시를
없애달라고 간구했지만,
주님은 말씀하셨죠.[11]

"나의
능력은"

"너와 같은
약한 자 안에서
비로소 완전하게
드러난다."[12]

그럼
약한 자를
강하게 바꾸시는
반전 같은 걸
주시는 게
아니라...

연약한 상태
그대로임에도...
거기서 하나님의
일이 진행된단
거야...?

그쵸!
바울은 그걸
깨닫고는 더 이상
자신의 '약함'을
없애달라고
하지 않고

'약함'을 도리어 자랑거리로 삼기로 해요.

그럼 약간... 정신 승리 아닌가...?

아...ㅋㅋㅋ

정신 승리의 측면이 없다고 할 순 없죠. 하지만 이걸 생각해봐야 해요.

하나님 나라의 가장 핵심적인 역사가...

이 세상에서 가장 나약한 패배의 모습으로 이뤄졌다는 거.

우리 안에 오신 분은 다른 분이 아니라 그 십자가의 주님이라는 거.

그러니까 우리도...
우리 자신을 너무
답답해하지 않아야
할 거 같아요.

우리 자신에
대해서도..

교회 공동체
서로에
대해서도.

아무리 약해도
상황이 바뀌는 게
없어도
그렇다고 하나님이
누나 안에
안 계신 게
아니니까.

흑...

하나님의
성품을
믿어봐요.

덕분에
위로가 좀 됐어.

앞으로도
도헌이 신앙상담소
종종 이용해도 될까?

아, 전
무조건 좋죠!

누나한테
뭐라도
도움이 되고
싶었는데
잘됐다.

주

1 장삼식, 『초기 한국 장로교회와 민주주의』(한국학술정보, 2020), 41-42.

2 빌립보서 2:7.

3 빌립보서 2:8.

4 요한복음 14:9.

5 Michael Gorman, 『십자가 형태의 하나님 안에 살다』(IVP 역간, 2024), 65.

6 요한복음 6:15.

7 누가복음 17:20-21.

8 고린도후서 12:10.

9 고린도후서 12:7-9.

10 Craig S. Keener, 『IVP 성경배경주석』(IVP 역간, 2010), 1801.

11 고린도후서 12:8.

12 고린도후서 12:9.

Chapter

15

사랑 사이의 간극

터벅

터벅

늦게
들어왔네.

중학생 때부터
집 나와서
살면서
나 혼자 뭐든
해내왔어.

나름
잘 해왔고.

널 사귀게
된 건...
정말 최고로
잘한 일이고.

근데 정작
니가
어려워졌을 때...

...나한테
뭐가
없었어.

426

널 지킬
힘도 능력도...
나한테
없었어.

근데 아빠가
니 사정을
도와주겠다고
하시는 거야.

아빠가
네 여자 친구
도와줄게.

처음엔 완전히
벽을 쳤었어.
그걸 빌미로
우릴 쥐락펴락
할 거 같아서.

근데 당장
지유 니가
과외도 잃고
힘들어지니까...

무슨 힘이든
빌려 써야겠다
싶었어.
나한테 제일
중요한 건
너니까.

난...
너한테
그런 걸
바란 게
아닌데.

돈 없으면
힘들긴 하지.
근데 그것
때문에
무너지진
않아.

그날 내가
왜 울었는지
기억 안 나?

그야 당연히
과외를
갑작스레
잃어서...

...그게
다라고
생각했어?.

하나님이
너무 미워...

나 과외
들어가기
직전까지
기도하면서
들어갔는데...

흑흑...

진짜
오랜만에
진심을 다해 했던
기도였는데...
어떻게
이렇게...

내가 그날
무너진 건 의미를
잃어서였어.
하나님을 도무지
모르겠어서.

물론
기억나 그것도.
그래서 더
널 빨리
돕고 싶었고.

결국 현실이
해결돼야
의미도 찾을 수
있는 거니까.

아니,
난 의미를
찾아야 현실을
살아갈 수
있어.

그놈의
의미...

뭐라고?

그냥 솔직히
말할게.
나한텐
신앙... 의미...
이런 것보다...

이지유.
니가 제일
중요해.

나한텐
그래.

누가 우리 대화 중
방금 저 말만
떼어놓고 들었다면
무척 로맨틱한 말로
여겼을 테지.

하지만 나에게
저 말은...
최치선 본인 감정만
제일 중요하다는 말로
들렸다.

생각해보면
신앙적 얘기를 할 때
얘는 늘 농담조였다.

좀 신기하네.
니가 교회
다닌다는 게.

그치? 나도
나 스스로가
신기해!

아... 난 복음이
참 자랑스러워.

그니까 바울은!
복음이 유대인과 이방인 양쪽
모두에게 얼마나 기쁜 소식
인지를 전하고 싶었던 거야!

우리 둘이
사귀면 이지유와
최치선 양쪽
모두가 얼마나
기쁠지~!

나도
그런 얘기지!

그래...
그다지 관심이 없었던 거야.

그놈의 의미...
그렇게 생각했겠지.

어차피 넌 애초에...

어차피 너는
주말에 교회에만 있으니까
너랑 놀려면...

내가 교회에 가는 수밖에 없다...라는 결론.

연애하러 교회에 온 거니까.

그게 굳이
내가 아니어도...

상관없지 않을까?

그냥...
간다고?

난 나한테
니가 제일
중요하다고
말하는데

일어서서
가는 게
이지유
니 대답이야?

오늘은..
더 이상 너랑
무슨 말을
못하겠어.

내가 말을
좀 막한 건
미안해.

너한테
중요한 의미...
무시하듯
말해서.

그냥... 나도
모르겠어서
그래.

하나님은
뭘 하시는지..
내가 교회에
계속 머무르는
의미가 뭔지...

모르겠어.

너한테
그런 면에선
진짜 하나도
도움될 게
없어.

목사 아들로
20년 살면서
내 안에는...
아무 의미도
안 남았거든.

그러니까
같이
찾자고.

435

피하지 말고
같이
찾자고!

그놈의
의미
그딴 식으로
말하지
말고!

조금만..
가볍게 가면
안 될까?
신앙... 조금만
덜 진지하게
가면 안 될까?

난
그런 거
못 해.

적당히 덮어놓고
교회 다니는 거...
난 못 견뎌.

그게
나보다 더
중요해?

436

말했잖아.
너랑 같이
의미를 찾고
싶다고.

조금만...
용기를 내주면
안 돼?

그
의미 찾기가...
결국 어떻게
끝날지 알 것
같아서 그래.

하...

됐어.

이지유.

됐어,
그만해.

탁

탁

탁

두 사람이 사귄다고

438

사랑이 하나인 건 아니다.

둘은 각자 자기 관점대로
사랑한다.

흐흑..

흐흑..

근데 그 간극이 너무 크면...

그걸 확인하는 순간
설명하기 힘든 배신감이 든다.

나에게 중요한 것이
그에겐 중요하지 않았다.

....그게 너무 아프다.

우리 둘도 이런데...

교회라는 공동체가
서로 하나 되어 사랑한다는 게
가능할지...

문득 막막해졌다.

우웅-

도헌이

누나! 김야고보 목사님
인터뷰 혹시 평일에도
가능해요?

누나!

여기요!

여기!

파닥

파닥

헉.. 그, 그만..

솔직히
이거 부당
해고잖아?

의견서고 뭐고,
그냥 법적으로
대응해버리시면
안 되나?

그래,
그런 방법도
있지.

엄마야!

목사님!

늦어서
미안.

너희는
참...

특이한
청년들이야.
교회에서 누가
날 위해서 이렇게
나서준 적이
없었는데.

괜찮으신 거예요...?

이미 준비는 하고 있어. 개척이란 게 쉽지는 않겠지만.

무슨 개척이에요. 저희랑 계셔야죠.

아니, 이런 흐름은 뒤집기 어려워.

공동체에서 누군가를 찍고 배제하려는 움직임은... 보통 끝까지 가더라고.

물론 싸울 수도 있지. 법적 대응도 가능하고.

구약성경에 보면 의롭다고 여겨진 인물이 두 사람 나오거든?

444

아브라함과 비느하스.

아브라함은 끝까지 하나님을 '믿은' 일로 의롭다고 칭함을 받았고[1]

비느하스는 우상숭배에 빠진 이들을 '죽인' 일로 의롭다고 칭함을 받았어.[2]

바울이 읽었을 그리스어 구약 본문에서는

... 아브람의 그런 믿음을 **의로 여기셨다.**
창세기 15:6

$$\text{καὶ ἐλογίσθη αὐτῷ εἰς δικαιοσύνην}$$

여겨졌다　그에게　　　　　의

... 비느하스의 **의로 인정되었습니다.**
시편 106:31

이 두 사람이 의롭다고 칭해진 표현도 똑같아서 비교할 만 하지.[3]

똑같이 의롭다고
칭해졌는데, 이유가 완전
달랐던 거네요?

그치.

아브라함은 '믿음'으로,
비느하스는 '심판'으로.

바울이 인생 초기에
딱 비느하스 같은
삶을 살았지.

예수 믿는 자들을
우상숭배자들로
여겼고

그들을 제거하는 게
이스라엘을 악으로부터
지키고 정화하는 일이라
믿었어.[4]

그게
회심 이전 바울의
'의'였지.

446

지금은 교회가...
목사님을 제거하려고
하고 있네요.

그래.

하지만 이것도
생각해봐야 해.
나를 제거하려는 자들과
싸우다 보면...

나 역시
그들을
제거하려는
욕망에
사로잡히게
되거든.

나에게도
이 일이 부당하며
저들이 잘못됐다는
확신이
있으니까.

너희가 교회법
절차 안에서
그렇게 의견서를
당회에 전달하려는
건 정말 훌륭한
일이야.

하지만 결과가
뜻대로 안 된다고 해도
받아들일 준비는 해야
하는 거지.

447

그 선을 넘어버리면
우리도 누군가를 제거하려는
의지를 갖게 될 테니까.

예수님을 진정으로
보게 된 바울은, 그때부터
이전과는 전혀 다른 의를
추구하게 돼.

바울 서신
그 어디에서도
'비느하스의 의'는 나오지
않아. 오히려...

바울이 '의롭다 칭함'을
받은 구약의 인물로
유일하게 언급하는 건
아브라함이었지.[5]

아브라함의
믿음.[6]

그는, 하나님께서 스스로 약속하신 바를
능히 이루실 것이라고 확신하였습니다.
그래서 하나님께서는 이것을 보시고
"그를 의롭다고 여겨주셨습니다."

로마서 4:21-22

448

아, 내가 인터뷰 하기로 해놓고 또 설교를 하고 있네?

오, 웬일로 끊으셨어. 기본이 한 시간인데 ㅋㅋ

하나님이 다~ 잘 이루실 것이다... 결국 그렇게 믿어야 한단 건가?

음... 제 생각에 믿음은 그렇게 미래에 대해 막연하게 긍정하는 건 아닌 거 같아요.

그렇다고 과거의 은혜로운 기억에 의존하는 것도 아닌 거 같고.

그럼?

449

그냥 신뢰 같아요.

진주가 예전에 모임에서 얘기해줬잖아요.

바울이 쓴 '믿음'이란 단어에 '신실함'이란 의미가 담겨 있다고.[7]

하나님의 신실하심이 없어지겠습니까?

로마서 3:3

πίστις

믿음, 신실함

아브라함도 하나님이 신실하다는 걸 신뢰하면서

자신도 하나님께 신실하려고 애썼던 거고요.

앞으로 어떤 일들이 벌어질지 우린 모르지만...

450

우리에게 좋은 결과를 주실 거라 믿는 걸 '믿음'이라 여긴다면... 그런 믿음은 허약하겠죠.

그런 상태에선 너무 쉽게 절망하거나... 아니면 김야고보 목사님이 지적하신대로

???

내가 옳지 않다고 여기는 결과 앞에서 비느하스와 같은 폭력적 열심을 내게 될 수 있으니까.

누가 하나님의 선물 훔쳐갔냐?!!

앞으로 어떤 일이 벌어지더라도

하나님은 신실하시단 걸 신뢰하는 것.

그 몸부림이 '믿음' 아닐까요?

451

...어렵다. 내가 누군가를 깊이 신뢰해본 적이 없어서 그런가.

저도 어려워요. 보이지도 않는 분을 인격적으로 신뢰하는 게 어떻게 쉽겠어요.

그래도 살면서 한두 명 정도는 보게 되지 않나요?

늘 한결같은 모습을 보여준 친구나 혹은 어른이나.

그래서 은근히 신뢰하게 됐던 그런 존재를 떠올려 보면... 좀 도움이 될 걸요?

이지유 이지유 이지유 이지유 이지유 이지유 이지유 이지유 이지유 이지유~~~~

뭐...
정 없으면
제가 좀
노력해볼게요.

누나한테
신뢰가 가는
친구가
되도록.

도헌이 넌 이미
좋은 애야.

누나한테
좋은 애... 이상이었으면
좋겠어서.

저기..

도헌아,
난...

455

혹시
사귀는 사람
있어요?

응.

그렇구나.

근데 왜
아무에게도
신뢰가 간 적이
없다고
했어요?

사귀는 분에
대해서도...
신뢰가 안 가는
거예요?

도헌아,
미안한데 나..

먼저
가볼게.

나한테 늘 한결같던 존재.

나에게 늘 신실했던 존재.

왜 없어.

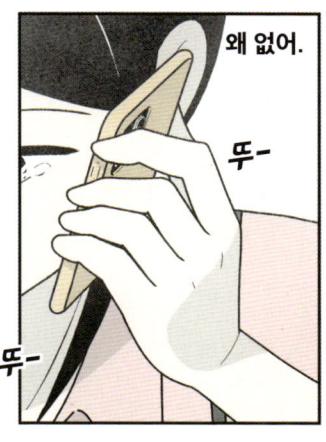

최치선이잖아.

457

주

1 창세기 15:6.

2 시편 106:30-31.

3 대한성서공회, 『성경전서 새번역』(2001); Michael Gorman, 『십자가 형태의 하나님 안에 살다』(IVP 역간, 2024), 232-233.

4 Michael Gorman, 226.

5 Michael Gorman, 233.

6 대한성서공회, 『성경전서 새번역』(2001).

7 대한성서공회, 『성경전서 새번역』(2001).

사랑을 건축하다

461

최치선

나 공부 중
이따 전화할게

공부...?

터벅

터벅

공부??

신실은 개뿔
ㅋㅋㅋ

한 번
싸우고 나니까
바로 다른 자매님
만나버리네!

463

무슨...
이유가 있겠지.

은혜가 굳이
여기까지 온 건.

이제
은혜를
꼬시려고
불러냈겠지!

최치선은
연애하러 교회 온
놈이니까!!

최치선은 은혜랑
저녁 먹겠지...

나쁜 놈...

하긴 내 탓이지 뭐.
최치선이 나한테
신실하려고 애쓴 건
맞잖아.

내가 밀어낸 거지.

이
지
유
!!

이지유 이지유
이지유 이지유 이지유
이지유 이지유~~~!!

드륵

왜 전화를 안 받아!

밥 먹자. 내려와.

나 아까
지나가다가... 카페에서
너랑 은혜 봤어.

엥~ 그랬어?
그냥 갔어?

응..
뭐 그냥...

나 은혜랑
한 며칠 계속
만났어.

뭣?

너랑...
그날 다투고
좀 많이
반성했거든.

내가 그동안
너무 내 기준에서만
너한테 잘해주려고
했던 거 같아서.

니가
신앙적으로
찾고 있었던
의미가 뭔지...
나도 좀 따라가
보고 싶어서.

그래서 은혜한테 부탁했어.

그동안 청년 주석 모임에서 나눈 얘기들 좀 가르쳐 달라고.

쭉 들어보니까.. 로마서는 결국...

사랑에 관한 얘기 같던데?

어... 괜찮아?

응.

계속 얘기해.

안 괜찮은 것 같은데.

나 봐봐.

왜 울어?

몰라...

미안해...

니가 뭐가 미안해?

니 맘 몰라줘서.

에이...

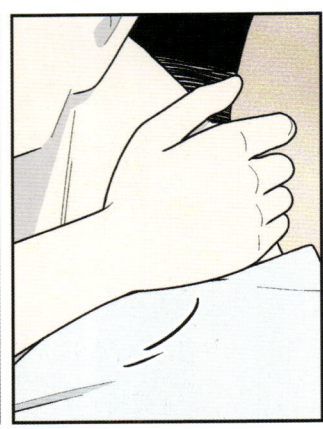

난 지유 니가 찾는다는 의미가...

말 그대로 신앙적인 의미라고만 생각했어.

근데 은혜한테 이것저것 물어보면서 좀 알겠더라고.

로마서 안의 많은 주제들을 공부해가면서도 결국 지유 니가 끝까지 묻고 있었던 건...

내가 이 공동체 안에서 계속 어울릴 수 있을까?

이 물음... 인 거 같아서.

맞아. 그걸 묻고 있었던 거 같아.

471

이 교회 안에
있는 분들 중에
나쁜 사람은
없잖아.
하지만...

독일 선교 여행을
비싼 돈 내고 가는 게 그리
어려운 일이 아닌
사람들이었고.

일요일 하루를 교회 생활에
다 써도 일상에 별 문제가
없는 사람들이었어.

죄송한데
저 알바 시간이
바뀌어서...

그래서 처음부터
계속 그 생각을
떨칠 수가 없었어.

난 이곳에
어울리지 않는
것 같다.

그리고
어쩌면...

472

어쩌면...

나랑도 어울리지 않는 것 같다?

그 생각을 인정하기 싫었던 거 같아. 답답하게만 여겼고.

내가 잘해주면 되겠지... 내가 잘하면 되겠지...

근데 그거야말로 교만한 생각이었어.

어릴 땐 세상 풍파로부터 연인을 지켜주는 게 남자의 역할이라 믿었는데

ㅎㅎ... 그런 동화 속 사랑에서 벗어나고 있는 중이야.

너랑 같은 방향으로 서서

같은 풍파를 맞으며 걸으려고.

그래야...

널 더
제대로
사랑할 수
있을 거
같아.

ㅎㅎㅎ..
은혜가 대체
로마서 수업을
어떻게
해줬길래...

아, 은혜가
수업 제대로
해줬지.

바울 형님
한테서 사랑을
배울 줄은
몰랐지.

유대인 신자와 이방인 신자 간의 부딪히는 생각에 관한 말씀인데

서로 반대되는 생각을 각자 확신하라고 요구하잖아?

좀 이상하지?

그러네. 보통 확신은 진리에 대한 확신을 말하지 않나..

그니까. 근데 바울의 관점은 달랐어.

예수님의 복음에 대한 문제가 아니라면, 다른 문제들에 대해선 각자의 생각을 지키라는 거야.

달리 말하면 이런 거지.

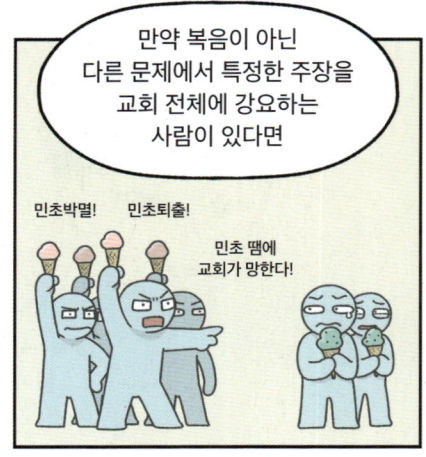

만약 복음이 아닌 다른 문제에서 특정한 주장을 교회 전체에 강요하는 사람이 있다면

민초박멸! 민초퇴출!

민초 땜에 교회가 망한다!

공동체는 그런 강요로부터 성도들을 지켜내야 한다는 거지.[2]

우리 교회는 민초와 함께 갑니다.

왜냐하면 바울에게 사랑은...

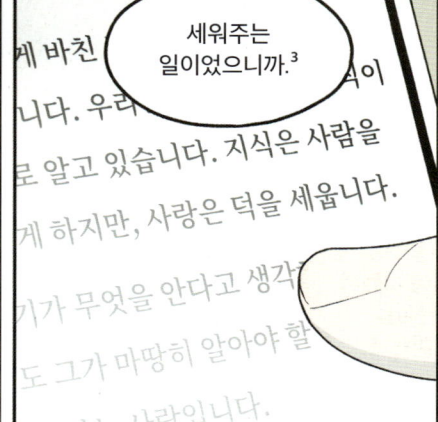

세워주는 일이었으니까.[3]

에 바친

니다. 우리

로 알고 있습니다. 지식은 사람을

게 하지만, 사랑은 덕을 세웁니다.

기가 무엇을 안다고 생각

도 그가 마땅히 알아야 할

르는 사람입니다.

여기서 '세웁니다'의 그리스어 단어 뜻이 '건축하다' 더라고.[4]

ἡ   δὲ   ἀγάπη   οἰκοδομεῖ

그러나   사랑은   세워준다

오이코도메이

'건축하다', '세우다'

사랑은
건축이다?

그치.

그게 내 앞의
사랑하는 사람이
되었든, 교회 공동체가
되었든...

잘 지어져
가는지
계속 살피면서
정성을
들이는 거.

내가
어릴 때부터
교회에서 배워온
사랑이란 건...

내 속마음이
기준이었던 거
같아.

480

이 사랑이라는
건축을 할 수
있지 않을까...
싶어.

치선이는 독일 선교 여행을 안 가기로 했고.

김야고보 목사님을 지키기 위해 자신도 뭘 좀 해보겠다고 했다.

그리고 2주 뒤

김야고보 목사님을 위한 의견서 작성이 끝났고

장로님들과 조우해야 하는 순간이 와버렸다...

주

1 대한성서공회, 『성경전서 새번역』(2001).

2 Krister Stendahl, 『유대인과 이방인 사이에 있는 바울』(감은사 역간, 2021), 149.

3 대한성서공회, 『성경전서 새번역』(2001), 고린도전서 8:1.

4 Frederick W. Danker, 『신약성서 그리스어 사전』(새물결플러스 역간, 2017), 394.

5 Michael Gorman, 233.

6 대한성서공회, 『성경전서 새번역』(2001).

7 대한성서공회, 『성경전서 새번역』(2001).

복음과 공존

우리는 예배 후,
장로님 한 분씩을 각각 맡아서
찾아갔다.

이거
누가
시켰어?

아, 장로님
그런 게 아니고
저희가
마음을 모아서
작성한 거구요,
그리고...

안 받은 걸로
할게.

은혜 너
교회에서 이런
정치질 배우면
안 돼.
알았어?

아예 받지 않은 분도
있었고.

이 뭔...

장로님,
한번 잘
읽어봐주시면
감사하겠습..

짝

짝

짝

촤

그 자리에서 찢어버린
분도 있었고

교회에서
이게
뭐하는
짓거리야!

그냥 거절하지 않고
내용 하나 하나를 집어가며

우리가 잘못됐다는 걸 납득시키려 하신 분도 있었다.

내가 그나마 운이 좋았다.

청년들이 이러는 건 교회 생활 하면서 처음 보네.

담임 목사님... 예전 같으면 김야고보 목사님을 이렇게 내칠 분이 아니신데, 많이 변하셨죠.

일단 의견서는 잘 받을게요.

감사합니다!

근데 나 한 사람 의견으로 김야고보 목사님을 지키긴 어려울 거예요.

아...
네.

그걸
찢어버리시네.
와~

무서웠어.
정치질 하지
말라고
뭐라
하시는데...

정치질?

조용히 있던
청년들이
의견 제시 한 번
하니 바로
정치질 소리를
듣네요.

어려울 거라 생각했지만...
이 정도일 줄은 몰랐다.

아무 의미 없는
몸부림이었을까.

그나저나 치선이 녀석은
뭘 해보겠단 걸까...?

여보세요?

아, 예 사모님!

예, 원로 목사님은
좀 어떠십니까?

마 똑같지요.
그래도 주님께서 붙들어
주셔가지고...

잘 계십니더...

교인들과
다같이 계속
기도하고
있습니다.

예.
감사합니다.

491

최 목사
바쁜 줄은
알지만...
그래도 한 번은
올 줄
알았는데.

죄송합니다.
죄송합니다.
사모님...
제가..

사모님 제가 다음주
목요일... 목요일 점심에
가도 되겠습니까?

예.
그때
오소.

예, 사모님.
그때
찾아뵙겠습니다.

부우우웅-

11:23AM 6월 27일 목요일

부우우웅-

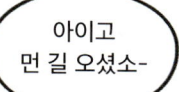

아이고
먼 길 오셨소-

사모님
얼굴이 더 좋아
지셨네요.

허허.
어여 들어와.

왔나.

목사님,
제가
너무 늦게...

오셨어요?

치선이
니가 왜...

달각

치선이가...
먼저 찾아뵈었었나
보네요?

우물

우물

야는
원로 목사님
수술하시고부터
종종 왔었어.

495

496

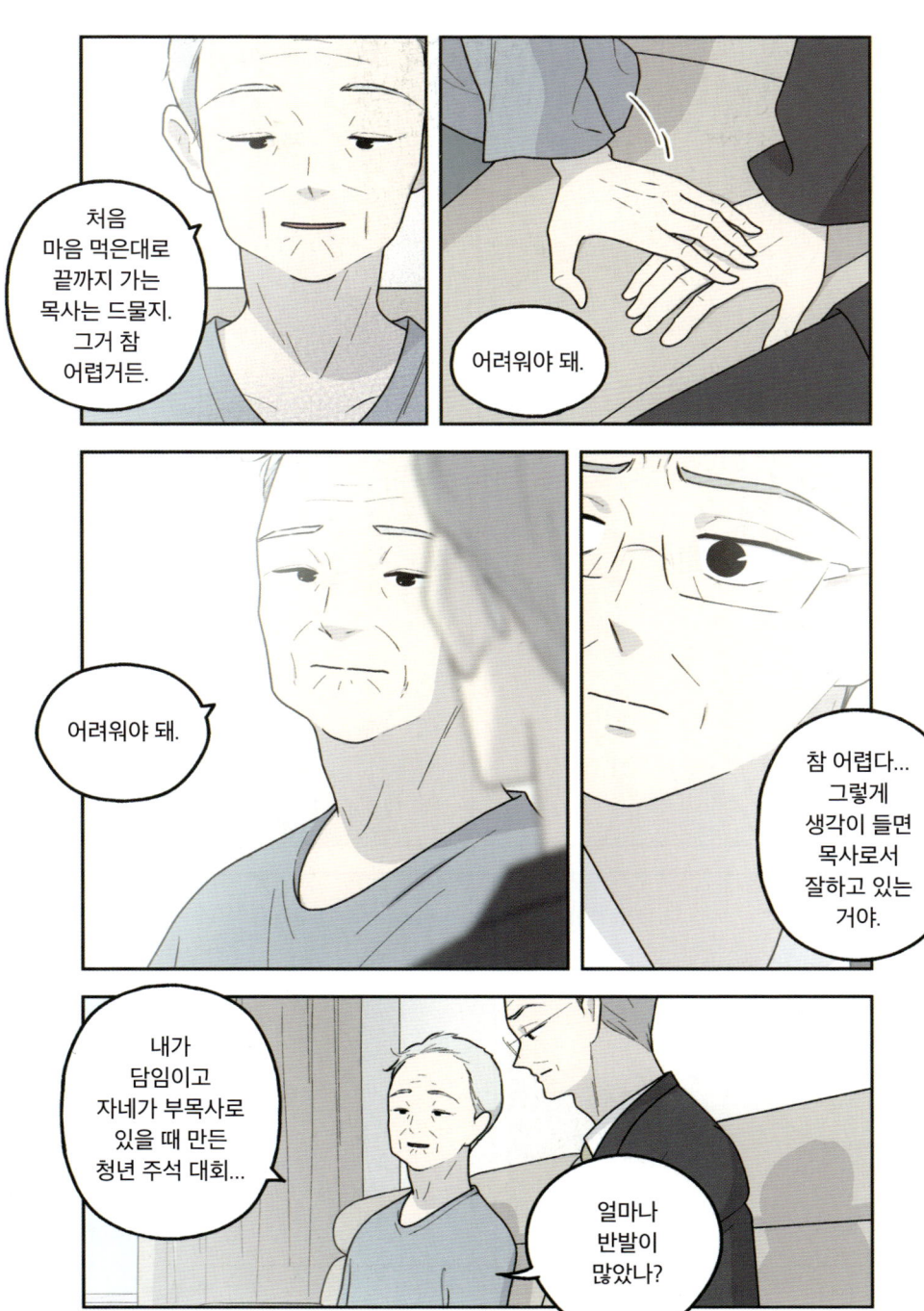

처음
마음 먹은대로
끝까지 가는
목사는 드물지.
그거 참
어렵거든.

어려워야 돼.

어려워야 돼.

참 어렵다...
그렇게
생각이 들면
목사로서
잘하고 있는
거야.

내가
담임이고
자네가 부목사로
있을 때 만든
청년 주석 대회...

얼마나
반발이
많았나?

목회...
어렵게 해주기를
부탁할게.

나 주님 앞에
갔을 때
칭찬 좀 듣고
싶거든.

후임 목사
참 잘 세웠구나...
라고.

저벅

저벅

저벅

뭔 생각으로 이런 일을 한 거냐?

여보!

팍

...지유 때문에요.

뭐?

그리고 은혜, 도헌이, 진주, 유창이 형 때문에요.

같이 로마서 열심히 공부한 결과로... 청년 주석 팀원들은 장로님들께 의견서도 전달하고

저도 뭔가를 해본 거죠.

근데 저희가 이럴 수 있었던 건 결국...

청년 주석 대회를 만들려고 애썼던 젊은 시절의 아빠 덕분이었네요.

아빠가 그 시절 쓰셨던 책도 그렇고... 늦게나마 아빠의 존경스러운 점을 자꾸 알게 되네요.

저는... 단 한 번도 볼 수 없었던 아빠의 모습들이죠.

그리고 앞으로도 볼 수 없겠죠...?

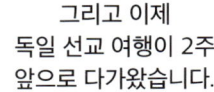
그리고 이제 독일 선교 여행이 2주 앞으로 다가왔습니다.

기도 준비 모임이 예배 후에 바로 있으니 선교 여행 가시는 분들은 참여 바랍니다.

그리고...

이 얘기는 성도님들께 처음 드리는 거 같은데

아시는 분은 아시겠지만

청년부의 김야고보 목사님이 에이레네 프로젝트라는 걸 추진하려 했었습니다.

국내에서 이웃을 돕는 활동을 하는 프로그램 이었는데

그 일정이 하필 독일 선교 여행과 완전히 겹쳐있었습니다.

이것 때문에 선교여행에서 이탈하는 청년들이 많이 생겼고.

끄덕

그래서 저는 이것이 선교여행에 대한 교회의 집중력을 흐트러뜨리고

교회의 오랜 선교 여행 전통을 깨트리는 도발적인 시도라고 생각해서.

김야고보 목사님이 우리 교회에 적합한 분인지에 대한 심각한 의문을 품게 됐습니다.

웅성

웅성

저 얘길 왜 저렇게 공개적으로 하시는 거야?

그러게...?

제가 이 말씀을 드리는 것은...

저는 김야고보 목사에 대해 부정적으로 판단하게 됐지만

이 문제에 대한 성도 여러분들의 생각을 듣고 싶어서 입니다.

우와.

웅성

그래서 오늘 오후 예배는 이 문제에 대한 전교인 토론 시간으로 대체 하려 합니다.

웅성

웅성

가능하면 많이들 오셔서, 각자에게 주시는 감동대로 생각을 말씀해주시기 바랍니다.

웅성

아니 무슨...

웅성

괜찮다면 청년들도 오늘은 청년부 예배를 토론회 참여로 대신해주면 좋겠습니다.

505

교회에서 토론이라니.

그것도 이런 대예배당에서
모두가 참여하는 토론은
처음이었다.

익숙하지 않아
다들 쭈뼛대며 시작했던
그 토론은

한 명씩 손을 들고 얘기하기 시작하며 서서히 뜨거워졌다.

토론의 내용은 김야고보 목사님의 적합성에 대한 얘기부터 해서

해외 선교 여행에 가는 교인들과 가지 못하는 교인들의 경제적 격차 문제까지 나아갔고,

생각들은 정말 팽팽하게 부딪혔다.

반론 있습니다!

반론 있습니다!

보통 '갈등'이라 부르고 '분열'이라 부르며 터부시해왔던 이 풍경은

그저 교회 안에서 조금씩 다른 의견들이 함께 머무는 풍경일 뿐이었다.

3개월 뒤

김야고보
목사님
내년에도
계실 거 같아.

진짜?

응. 선교 여행은
여름에,
에이레네 프로젝트는
겨울에, 안 겹치게
하는 걸로 결론이
난 거 같고.

아니...
토론 땐
장로님들 대부분
부정적이었던 거
같은데,
어떻게?

장로님들과
다르게 생각하는
교인들도
꽤 많다는 걸
토론 때 보셔서
그런 거 같아.

자신들 생각대로 밀어부치기 부담스러워지신 거지.

그날 담임 목사님은... 어떻게 갑자기 토론 생각을 하신 걸까?

그치? 그날 우리 아빠 좀 이상했지?

응...

아.

니가 무슨 짓 했구나?

내가?

난 열심히 기도했지.

아냐, 뭐 했네 너. 빨리 말해.

빨리~ 윽!

척

510

바울의 복음은
유대인과 이방인을 공존하게
하는 것이었고

그 복음은
결국 나와 치선이도
공존하게 했다.

이제 나는
믿으려 한다.

복음이 우리 모두를
예수님 안에서
공존시키리라는 것을

결국에는.

결국에는.

로마서 뒷조사

새로워진 구원·예배·윤리에 관한 교향곡

Copyright ⓒ 김민석 2025

1쇄 발행 2025년 10월 24일

지은이 김민석
펴낸이 김요한
펴낸곳 새물결플러스

편 집 왕희광 정인철 노재현 이형일 나유영
디자인 황진주 김은경
마케팅 박성민
총 무 김명화 이성순
영 상 최정호
아카데미 차상희

홈페이지 www.holywaveplus.com
이메일 hwpbooks@hwpbooks.com
출판등록 2008년 8월 21일 제2008-24호
주 소 (우) 04114 서울시 마포구 신촌로28가길 29
전 화 02) 2652-3161
팩 스 02) 2652-3191

ISBN 979-11-6129-307-3 07230

책값은 뒤표지에 있습니다.